시에세이 007

최정임 수필집
책 읽는 여자

시에세이 007
책 읽는 여자

초판 1쇄 발행 | 2020년 05월 25일

지 은 이 | 최정임
펴 낸 이 | 문정영
펴 낸 곳 | 시산맥사
책임교정 | 오 늘
편집위원 | 강경희 안차애 오현정 정재분
등록번호 | 제300-2013-12호
등록일자 | 2009년 4월 15일
주   소 | 03131 서울특별시 종로구 율곡로 6길 36,
           월드오피스텔 1102호
전   화 | 02-764-8722, 010-8894-8722
전자우편 | poemmtss@hanmail.net
시산맥카페 | http://cafe.daum.net/poemmtss
지은이웹 | www.jayzo.info.com

ISBN | 979-11-6243-112-2(03810)

값 15,000원

* 이 책은 전부 또는 일부 내용을 재사용하려면 반드시 저작권자와 시산맥사의 동의를 받아야 합니다.
* 이 도서의 국립중앙도서관 출판시도서목록(CIP 2020018886)은 서지정보유통지원시스템 홈페이지(http://seoji.nl.go.kr)와 국가자료공동목록시스템(http://www.nl.go.kr/kolisnet)에서 이용하실 수 있습니다.

* 이 에세이집은 교보문고와 연계하여 전자책으로도 발간되었습니다.
* 이 도서는 카카오톡 선물하기 〈독서의계절〉에서도 구입할 수 있습니다.

시에세이 007

책 읽는 여자

저자의 말

오랫동안 글을 써 왔다는 그녀는

오늘도 서글픈 파마를 하고 주름진 책을 들고 나타났다

나이 사십 후반에 이민 와서 남편과 이혼하고

책을 남편 삼아 살아오면서

좋은 시 만나면 고향 친구 만난 듯 행복해 어쩔 줄 모르고

좋은 책 만나면 마지막 남은 20불도 과감하게 써버리는 그녀다

그동안 읽은 책은 몇 수레나 되는지

풀어도 풀어도 끝이 없는 그녀의 이야기들

고은 시인도 신영복 선생도 그녀에게 가면

밥이 되고 동치미, 된장찌개가 된다

<

허름한 가방은 그녀의 이력

한 달에 한 번 3시간 덜컹거리는 차를 타고

얼굴엔 행복한 미소를 짓고 문학회에 나타나는 그녀는

문학과 아직도 연애하는 여자 중 한 명이다.

이 시대에 몇 안 되는 진정한 문인 중 한 명이다.

— 박혜자(소설가)의 시
「오래된 문인 - 최정임 선생을 생각하며」 전문

위의 시로 저자의 말을 대신하고 싶습니다.
'비나리'라는 춤사위가 있다. 삶의 아픔을 위무하고 평안한 삶을 기원하는 춤이다.
나에게는 문학이 비나리이자 삶의 위무였습니다.
'세종의 여자'란 별명으로 모국어에 샛길을 내며 살아왔습니다.
그렇게 애쓰며 사는 동안 생의 온기로 다가온 문학이었다고
그 문학이 이민 31년의 부끄러운 이력이 되기도 했습니다.

달라스 문학회에서 가장 변방에 살며 글쓰기에 비문과 오자가 많아도

보듬어 격려해 준 문우들의 사랑으로 여기까지 왔습니다.

매끄럽지 못한 내 삶처럼 투박한 글이지만,

오래 나를 지켜보고 격려해 주신 그대에게 보내는 안부 편지들입니다.

다하지 못한 말을 수필집 한 권에 담아 보냅니다.

그대에게 추운 날 마음에 따뜻한 온돌방 하나 만들어 주고 싶다, 는 바람

그렇게 용기를 내었습니다.

내가 쓰러질 때마다 여린 손 내밀어 잡아 일으켜준 딸에게 고마움을 전한다.

이 책을 이민 3세 사랑하는 손녀 가은이에게 남기고 싶다.

2020년 4월, 최정임

어머니는 푸른 어항에
금붕어 두 마리를 오래도록 길렀다

나의 문학의 모태	017
어머니와 흰 고무신	022
어느 해 윤사월 풍경	025
울산 그리고 그 집	031
프리마켓 · 봄	036
프리마켓 · 여름	041
프리마켓 · 가을	047
프리마켓 · 겨울	052
깡통 속의 블루바넷	057
수갑, 그 차가운 기억	061

너희들 생애 최고의
아름다운 시간이 내게로 와서

위험을 사수하라	069
파스타를 먹는 저녁	073
이 가을에	076
초대받지 않은 손님	080
하루	085
책갈피 속에	092
미친 존재감	097
독립기념일	100
도자기 유감	103
책이 내 손을 기다린다	107

3부

사람들의 마음을 훈훈하게 데워주는
만찬의 시에 홍조가 걸렸다

순대 파는 왈순아지매	*115*
팔도먹거리 장터	*121*
입양	*126*
시가 있는 풍경	*131*
Eat	*134*
놋그릇 설화	*138*
모과의 꿈	*144*
소통	*149*
쏟아진 작은 못들	*153*
명언 아닌 명언(銘言)	*157*

4부

오늘은 그저 좀 좋지 않은 날일 뿐, 곧 다시 좋은 날이 올 거야

흔적	*163*
명품이 뭐 길래	*168*
삶의 무게가 느껴질 때	*173*
아름다운 시연(詩緣)	*178*
밥은 생명이다	*183*
옹알이와 직립	*189*
알록달록 세상	*193*
짧은 글 두 편 - 봄이 내 앞에	*197*
- 금쪽같은	*199*
화투	*201*
녹차(綠茶) 이야기	*205*

5부

책 한 권과의 놀이는 최적의 온도, 최고의 타이밍

독서, 그 즐거운 지적 탐험	213
그리스인 조르바	218
이토록 아름다운 약자들	223
님 웨일즈의 아리랑	228
봄은 서커스의 트럭을 타고	233
세계가 놀란 우리 옛 그림	239
낭만적 연애와 그 후의 일상	244
관촌수필	249
검은 꽃	254
책 읽는 여자	259

척추를 세워주는 힘	*268*
하얀 국화 메리 린 브락트	*274*
마이 마더스 다이어리	*281*
인문학이 좋다	*289*
황진이 다시 읽기	*294*

* 5부 15편은 뉴스 코리아 '최정임의 책사랑 이야기'
 북 칼럼 중에서 선한 것이다.

해설

책, 생의 버팀목 그 눈부신	*299*
_ 이윤홍(시인. 소설가)	

눈맞춤

어머니라는 신앙_ 김선아(시인)	*309*

1부

어머니는 푸른 어항에 금붕어
두 마리를 오래도록 길렀다

나의 문학의 모태

　나의 문학, 그 태동은 어디서부터인가 생각하니, 그동안 잊고 살아온 풍향 조 씨 나의 외할머니가 시원인 것 같다. 그다음은 나의 어머니가 아닐까 하는 생각이 든다.

　외할머니는 돌아가시기 몇 년 전부터 갑자기 눈이 멀어 앞을 못 보셨다. 외출을 하실 수 없어 늘 방 안에서 기거하셨는데 화장실 가실 때도 긴 줄을 잡고 가셨다. 촐싹이며 밖에 나가고 싶어 하는 나를 앉혀놓고, 동네 사람들이 어디서 흘러왔는지, 무슨 일을 하시며 살아왔는지, 끝없이 또 다른 옛날이야기로 잡아 두었다.
　할머니는 "오늘 햇빛이 좋냐." "동네에 이사 온 사람은 식구가 몇이냐." "새 옷은 무슨 색이냐." 앞은 보지 못하셨지만 늘 세상을 향해 물으셨다.
　외할머니는 처녀 시절에, 댕기의 색이며 새색시 적 초록저고리와 다홍치마를 입은 모습이 유난히 고왔다고 하셨다. 나라님이 계신 세상이라면 세자빈 간택에 뽑혀서 나갔을 것이라 하셨다. 나라를 빼앗긴 서러움을 그렇게 표현하셨다.

앞이 안 보여도 무슨 꽃이 피었는지 바람으로 다 아시는 외할머니의 그 감성을, 어린 내가 물려받은 것 같다. 할머니는 어린 나의 마음을 언제나 훤히 꿰뚫어 보셨는데, 실명하시고 난 후 몇 해를 더 살다 가셨다. 할머니는 문학은 알 수 없어도 자연과 아름다움에 대한 감성을 고스란히 나에게 전달해주셨고 그 감성이 내 글쓰기의 모태가 된 것 같다.

탯줄을 자르고 모태에서 분리되어 성장할 때까지, 나는 어머니의 존재에 모든 것을 기대고 자라났다. 어머니를 벗어나 살고 있어도 문득 어머니의 그늘에서 숨 쉬며 살고 있다는 생각이 든다. 어머니는 이 세상 소풍을 끝내고 떠나신 지 오래다. 지금도 어머니는 나의 글쓰기를 채근하시는 존재로 내 속에 살아 계신다.

내게 처음 문학의 모태로 들어온 것은 어머니의 꽃밭이다. 우리 집은 사철 꽃이 화사하게 피고 지는 집이었다. 봄에는 작약, 백합, 장미로 시작해 꽃들은 다투어 피었고, 여름에는 대문 입구부터 채송화가 한낮을 꽃등처럼 밝히고, 가을이 오면 국화꽃 수십 종류가 어울려서 지나가는 길손의 발길을 멈추게 했다. 선인장도 수십 종이었다. 우물가에 핀 도라지꽃, 장독대 붉은 접시꽃, 노란 키다리꽃, 수수한 분꽃, 봉숭아, 옥잠화들이 어머니의 손이 닿으면 예쁜 꽃이 되어 시샘하듯 다투어 피었다. 감나무와 앞뒤 채마밭이 있는 우리 집이 나의 정서적 감성의 근본이 되지 않았는가 싶다.

50년 후반 그 어려운 시절에 어머니는 푸른 어항에 금붕어 두 마리를 오래도록 길렀다. 빨강 검정 두 마리 금붕어는 꼬리가 유연하고 리본처럼 우아하다. 어항은 어린 나에게 무한한 상상을 안겨 준 우리 집만의 화려한 신기루였다. 어머니는 냇가에 가서 푸른 이끼를 채집해 돌 틈에 넣어 주시며 "너희들도 채식을 해야지."라고 하셨다. 삶은 계란의 노른자를 가루로 만들어 말려서 금붕어 밥으로 주시기도 했다. 금붕어 어항으로 나에게 문학의 푸른 깃발을 달게 하신 것 같다.

어머니는 책 읽기를 즐기셨는데 독서 또한 내가 물려받은 최고의 유산이다. 일제강점기 조선어 시간 외에는 조선 역사를 안 배웠다 하시며 박종화의 역사 소설을 즐겨 읽으셨다. 박경리의 『토지』와 이청준의 『당신들의 천국』을 읽으시고 두 작가는 큰 글 쓰겠다고 하셨다.

어느 날은 내가 보던 독일 작가 보르헤르트의 소설을 어머니께서 나 몰래 읽고 책 속에 고무줄을 끼워 놓으신 걸 보고 혼자 미소 지은 적도 있다.

아파트 옥상에 여러 집의 장독대가 있다. 장은 하늘을 마셔야 장맛이 난다고 남의 장독도 여닫고 씻어주며 다독여주는 푸근한 사람이 내 어머니시다. 청상으로 막내아들 하나마저도 잃고 딸 둘을 의지하며 사셨다. 어머니는 담배와 커피가 벗이라고 하실 만큼 애연가에 커피 애호가셨다. 새벽에 어머니와 함께 커피를 마시면 항일운동을 하셨던 외삼촌과 아버지 이야기를 소설처럼 들려주셨다. 정치에 많은 관심이 있으셨고 함석헌, 김대중 두 분의 뜻이 참 마음에 든다 하시며 두 분을 지지하는 진보적 성향을 보이시기도 하셨다.

여름이면 어머니는 모시 한복을 즐겨 입으시며 손질하시기를 좋아하셨다. "의복도 품성이란다." 어린 나는 그 말의 뜻을 늦게야 알았다. 그렇게 어머니는 나에게 꿈을 키울 촉촉한 감성의 밑자리를 깔아주셨던 분이셨다.

어머니는 이민 간 딸에게 한 달에 한 번은 꼭 편지를 보내셨다.

그 편지는 나의 목마름을 해소하는 생명의 연서였다. 어머니는 내 유외강으로 두 딸을 키우셨다. 지금도 나는 어머니의 그늘에서 벗어나지 못한 딸이다. 지금 어머니가 나의 글을 보셨다면 아마 "애야, 글을 좀 더 잘 써 보렴." 하실 것 같다. 더 깊은 글을 쓰길 바라는 어머니가 그립다. 나의 두 번째 스승은 유년의 감성을 꽃밭으로 물들여 주신 나의 어머니다.(1992년)

어머니와 흰 고무신

나에게는 가보처럼 아끼는 한 켤레 흰 고무신이 있다. 이민 올 때 어머니의 발 치수와 꼭 같은 흰 고무신을 이민 짐에 챙겨왔다. 어머니는 팔순이 되시도록 고집스럽게 쪽진 머리와 흰 고무신을 평생 고수하셨다. 어머니 친구분들은 젊으셨을 때 모두 파마도 하시고 할머니가 되어도 고무신보다 구두와 손가방에 간편한 양장차림을 하셨다.

어머니는 한복에 동백기름 바르시고 참빗으로 빗은 머리를 쪽지어 은비녀를 하셨다. 여름이면 모시한복에 흰 고무신을 신고 나들이 가시는데 그런 날이면 마치 한 마리의 학처럼 고아해 보였다. 어머니가 그리운 날은 고무신을 꺼내어 만져보고 신어본다. 콧날에 까만 테두리, 그 유연한 곡선을 보며 상상의 나래를 편다. 어머니가 잠자리 날개 같은 모시한복에 이 고무신을 신고 나붓나붓 내 곁으로 오실 것만 같다.

젊은 어머니의 무릎을 베고 옛날이야기 들으며 잠이 들던 어린 아이 적 평온함이 밀물처럼 말려온다. 학회 발표회 때 "고전무용을 위해 만든 족두리는 최정임 어머니 것이 제일 예쁘다."라고 하신 선생님의 말씀에 나는 무척이나 어머니가 자랑스러웠다. 그 당시 동네에서 친구들과 설날 연극을 한다고 소란을 떨던 우리는 중2 단발머리의 엉뚱한 꾸러기들이었다. <버들 아씨>의 각색 및 연출과 소품은 우리들이 만들고 의상은 어머니가 만들어 주셨다. 추운 날, 그것도 연극이라며 보러온 마당 앞 동네 사람들 속에 마주친 어머니의 시선은 나에게 무한한 격려와 사랑이었다. 정말 가슴 벅찼던 순간이었다.

어머니의 흰 고무신과 독서용 돋보기를 닦아드린 사소한 일상이 아득하기만 하다. 어머니의 처녀시절 외삼촌 오빠의 특별한 친구들(오영수 소설가 윤석중 동시 작가 서덕출 시인) 틈에서 어머니는 좀 다른 인생을 보아 오셨다. 그래서인지 책 읽기를 좋아하시는 어머니는 인생의 경륜과 안목이 조금 남다른 것 같다. 근 현대사의 격랑을 겪으면서 청상으로 두 딸에게 당신의 귀한 인생을 희생하며 살아오신 나의 어머니. 어머니가 그리워질 때마다 현관 앞에 흰 고무신을 가지런히 놓아두고 외출을 한다. 돌아올 때 가지런히 놓인 흰 고무신을 보며, 저 현관문을 밀면 어머니가 와 계시리라는 상상을 해본다. 상상으로나마 마음에 위로를 받고 싶을 정도로 어머니의 존재를 느끼고 싶다. 어머니의 육신을 빌어 나의 존재가 있고 책을 좋아하는 지금의 나의 모습도 어머니의 유산이다.

아직도 빛이 바래지 않은 흰 고무신을 꺼내어 본다. 어머니의 가녀린 체구 어디에 그렇게 강한 자존심이 있어 어머니의 존재를 강하게 받쳐주었는지 지금도 알 수 없다. 어머니가 그리운 날 흰 고무신을 꺼내 만져본다. 어머니의 따뜻한 발이 체온으로 느껴지는 235문 흰 고무신.(1990년)

어느 해 윤사월 풍경

올해 어머니가 살아 계신다면 103세가 되시는 해이다. 어머니는 1914년 음력 사월 스무 아흐렛날 태어나셨다. 다섯 살 때 할아버지 등에 업혀서 기미 독립만세를 불렀다고 하셨다.

어머니의 인생은 역사의 격동 그 자체였다. 어머니는 칠순에 접어들면서부터 자신의 죽음을 맞이하실 준비를 하셨다. 이따금 어머니는 당신 자신에게 혼자 푸념처럼 "적당한 때에 깨끗이 가야 하는데. 할아버지처럼."이라고 말씀하셨다.

그날, 외할아버지는 새벽에 일어나셔서 대문을 열고 마당을 깨끗이 쓸어 놓으셨다. 그리고는 하늘이 트이는 모습을 한참이나 올려다보시더니 "에미야, 일어나서 밥해야지." 하시고는 방에 들어가셨다.

내가 조반 드시라고 방 앞에서 할아버지를 부르는데 방에서 이상한 소리가 들렸다. 방문을 열고 바라보자 할아버지는 거친 숨을 내쉬고 있었다. 허둥지둥 의사를 불러오는 동안 할아버지는 세상을 하직하셨다. 외할머니 또한 닷새를 앓으시다 돌아가셨다. 두 분께서는 외동딸에게 죽음의 짐을 지우시지 않고 돌아가셨다.

두 분의 모습을 가슴에 담아서였을까. 어머니는 죽음에 대한 소망으로, 딸에게 짐이 되지 않길 바라고 계셨다.

어머니는 칠순이 넘어서도 흰머리가 없으시고 자태가 곧고 고우셨다. 이따금 어머니가 풀 먹인 모시 한복을 입으시고 외출하실 때 그 모습을 보면 칠순의 여자도 저리 아름다울 수가 있구나, 하는 생각이 들곤 했다.

어느 해 윤사월 화창한 봄날, 어머니는 평생에 좋은 벗이었던 친구 두 분을 불렀다. 세 분은 함께 찰밥을 지어 이른 점심을 드시고 난 후 바느질을 하기 시작하셨다. 세 분은 바느질을 하시면서 이야기를 나누며 낭랑한 웃음을 웃으시기도 하신다. 그 풍경은 마치 한 생을 다 보낸 여인들의 모습이 아니라 봄날의 외출을 준비하는 여인들 같았다. 그러면서도 세 분은 바늘 한 땀 한 땀에 삶의 회한과 정한을 수놓듯 바느질을 하셨다.

나는 그날 잔잔한 슬픔이 목젖을 건드리며 차오르는 비애를 느꼈다. 죽음은 또 하나의 이승의 마지막 축제이기도 하다는 생각을 했다.

"엄마, 수의 만들면서 뭐가 그리 좋다고 웃음이 나와요. 나는 수의를 보니 서글픈데." "아니다. 니 아버지 만나러 가는 날 입는 옷 짓는데 좋지 않고."

그렇게 순연히 죽음을 받아들였던 어머니의 모습은 종교적인 의미를 느끼게 한다.

수의는 윤사월에 지어야 좋고 윤사월 긴긴해가 지기 전에 마무리를 해야 한다는 전설이 있다고 한다.

"나는 갈 때 거친 삼베옷 입고 아니 가련다."

어머니는 당신의 뜻대로 안동포로 속옷을 지으시고 고운 모시로 치마저고리를 지으셨는데 윤사월 긴긴해가 가기 전에 일손을 마무리하셨다. 어머니 당신 자신을 위한 마지막 작품인 수의는 천상의 나래옷보다 더 아름다워 보였다. 장례식장에 만들어 놓은 어떤 기성품보다 훨씬 품위 있는, 정말 어머니에게 어울리는 수의였다.

영원한 나들이를 위해 이승의 마지막 옷을 손수 짓던 어머니와 윤사월, 그 어느 날의 풍경이 사무치게 그리워진다.

어머니는, 죽음과 생명은 대립 되는 것이 아니라 순응하는 것이라 생각하셨다. 늙어서 자연사하는 죽음을 흙에서 나서 흙으로 돌아간다는 우주적 순환으로 보셨다. 그러나 생명과 대립 되는 것은 살인이나 전쟁, 자살, 혹 윤리적 살인 그것은 생명의 파괴이며 죽음과 대립 되는 것으로 믿었다. 그것은 어머니가 살아오신 일본의 압제와 해방, 동족상잔의 이념 대립에서 민족진영의 좌 쪽을 선택하신 아버지 때문에 당신이 받은 불이익, 유신 시대와 5·18을 겪어 오면서 생명의 존귀함과 폭압적 시대의 시행착오에서 온 믿음일 것이다.

어머니가 좋아하시는 노래 두 곡은 '옛날에 금잔디'와 김정구 선생의 '두만강'이며 책은 박종화 정비석 이청준 박경리가 쓴 소설을 좋아하셨다.

어머니는 함석헌 선생과 김대중 전 대통령 외에 박순천 최초 여자 국회의원을 좋아하셨다. 어머니는 여자도 정치적 생각을 지니고 주권을 행사해야 한다고 하시며 선거 때마다 국회의원 후보자들의 청탁도 물리치신 분이다. 어머니의 철학은, 부잣집을 방문할 때는 빈손으로 당당히 가고 어려운 사람과 노인이 계시는 집을 방문할 때는 그 집에 맞는 선물을 들고 가야 한다고 했다. 살림살이의 이치는 균형이라고 한 말이 참 어려웠는데 너무 늦은 나이인 지금 이해가 된다.

옛날 우리네 어르신들은 편안한 마음으로 깨끗한 삶을 사시다 가신 것 같다. 자손도 보고 농사도 짓고 크게 후회하지도 크게 남의 마음 아프게 아니하고 살다가 갈 때가 되면 "고추 널어놓은 것 걷어라." "장독 항아리 덮어라." 이런 말만 남기시고 "이제 여한이 없다."라고 하시고 눈을 감는다. 죽음조차 여유롭게 보인다.

많은 재물이 없어 유언장을 쓸 필요도 없고 자식들은 그저 농사 짓고 출세욕도 없이 제 자리를 지키며 살아간다. 요즈음 사람들은 죽음 앞에서 유난히도 불안하고 할 일과 할 말이 많으니 조금이라도 더 살려고 온갖 고생을 다 한다.

83세로 적지 않게 장수와 건강을 누리다 가신 어머니의 장례는 호상이며 축제였다.

죽기까지 자식들에게 아낌없이 몸과 마음을 다 주시고 가신 어머니의 수의함 속에는 자신의 장례비용까지 들어있었다고 한다.

어머니가 그해 윤사월에 친구들과 만드신 고운 수의를 입고 평생 그리워하시던 아버지 곁으로 가신 지 20년, 그곳에서 님을 만나 이제는 딸자식 걱정 안 하시고 잘 지내시는지 바람결에 안부를 전한다. 어머니가 좋아하셨던 박목월 시인의 「윤사월」 시를 어머니께 들려 드리고 싶다.

송화가루 날리는 외딴 봉우리

윤사월 해 길다 꾀꼬리 울며

산지기 외딴집 눈먼 처녀가

문설주에 기대어 엿듣고 있다

윤사월의 시 속 그날이 풍경처럼 전설이 되었다.

울산 그리고 그 집

김소화 선생님 귀하

울산시 학성동 401-12

항공 봉투에 적힌 이름과 주소다. 내 외숙모 김소화 선생님은 교육자 최고 모란 훈장을 받으시고 교직을 정년 퇴임하셨다. 85세로 소천하실 때 울산지역 신문에 '이 시대 마지막 스승 가시다'란 톱기사로 보도되었다고 한다.

이제 울산은 5~60년대의 그 정겨운 시골스러움은 어디에서도 찾아볼 수 없다. 여느 도시들과 마찬가지로 대도시의 획일적인 모습으로 변한 거대 공룡의 도시가 되었다. 학성동 일대도 많은 변화를 겪었는데 유독 외숙모의 집은 옛 모습을 그대로 지니고 있었다. 그러다 보니 외관상 몹시 초라해 보였고 마치 그 집 주변의 새로 지어진 주택들이 외숙모님의 집을 조롱하듯 내려다보고 있는 것만 같았다.

외숙모의 집 대문 앞에 서니 나도 모르게 짧은 탄성이 나왔다. 이곳은 아직도 옛사람이 그대로 살아있는 듯했다. 외숙모가 버선 발로 "우리 정임이 왔나!" 하고 뛰어나오실 것 같았다. 대문 안에 들어서니 수목원에 들어선 느낌이었다. 정원은 빈틈없이 잘 자란 나무와 꽃들이 어우러져 무릉도원을 이루고 있었다. 외숙모가 살아계실 때 심고 가꾼 나무들이 이렇게 자랐다니, 청청하기가 외숙모의 기질을 닮은 나무들이 무성하게 뿌리 내리고 있었다.

우람하게 잘 자란 태산목이 짙은 그늘을 드리우고 그 아래 누렁이가 한가로이 오수를 즐기고 있었다. 첫 여름, 비파 악기 모양으로 노랗게 익어가는 열매를 맺는 비파나무, 귀신을 쫓는다고 대문 앞에 심은 엉개나무, 애기사과나무, 단풍나무, 평솔, 석류, 매화, 동백. 봄이면 자지러질 듯 교태를 부리며 피어나는 영산홍, 노마님 같은 여유 있는 자태의 향나무, 담장을 기어오르는 붉은 능소화. 그뿐이랴, 45년 교편을 잡으실 때 오직 검정 치마에 흰 옥양목 저고리를 입으셨던 김소화 선생의 고고한 자태를 닮은 목련은 잎이 무성하다, 백일홍 또한 군더더기 없이 매끈하게 하늘로 뻗어 올랐다. 청상으로 사 남매를 잘 키운 모성을 닮은 수국이며, 홀로 살아온 여인의 한처럼 등나무의 허리가 휘어져있었다. 나무들은 자라 무성하나 심고 가꾼 사람은 자취가 없었다.

눈부신 다년초나 일년초들은 다투어 계절을 피우는 꽃밭은 꽃들의 요정이 뽐내는 동화 속 같았다. 철쭉 작약 모란 백합 사랑초 국화 옥잠화 분꽃 초롱꽃 제라늄 장미 봉숭아 도라지꽃 채송화들, 이들 가운데서 벌써 여름꽃들이 다투어 피어나고 있었다. 야산에서나 볼 수 있는 할미꽃 산초나무 방아(민물 매운탕에 넣어 먹는 향이 나는 식물)도 있었다. 외숙모는 "여자는 꽃 이름과 풀 이름을 많이 알아야 속이 깊은 여자가 된다."고 하셨다. 순박한 우리네 정서에 어울리는 꽃들이 사철 유순하게 피고 지는 집, 대문에서 현관까지 걸어오면서 눈을 뗄 수 없었다. 꽃길에 중학교 교복을 입은 아이가 내 앞을 걸어간다.

도심 속에 납작하게 엎드려있는 퇴락한 한옥. 외숙모는 살아생전 이웃들이 이 집을 삼 층으로 올리고 전세를 받으면 노후 생활이 안정된다는 속삭임도, 집을 팔아 아파트로 이사 가자는 자식들의 권유도 물리쳤다.

"집은 내가 나무와 꽃을 가꾸며 살아가는 곳이지 투기의 대상이 아니다. 사람이 몸담아 사는 게 집이지. 내 죽고 나서 이 집을 허물든지 팔든지 해라."

자손은 그 뜻에 따라 부엌과 화장실을 개조하고 3대가 한집에서 살았다. 울산에서 조금 떨어진 곳에 땅이 있는데 땅값이 치솟아도 외숙모는 주말이면 가서 채소를 가꾸고 농막으로 땅을 돌보며 사셨다. 참으로 아름다운 고집을 끝까지 지키셨다.

 울산에서 태어나고 울산에서 생을 마감하신 분이셨다. 외숙모는 화장하여 울산 산천에 뿌려달라던 유언을 남기셨고 그 유언에 따라 돌아가신 후에도 울산 산천 어디든지 머물고 계신다.

 나는 중학교 다닐 때부터 외숙모와 서신을 교환했다. 아마 문학의 길도 여기서부터 기인되지 않았을까?

 김소화 선생님이 훈장 받으러 청와대로 가기 위해 서울 우리 집에 오셨다. 청와대에 훈장을 받으러 가시니 좋은 옷 한 벌 사드리겠다고 하니 "아니다 이 옷(국민복) 입고 갈란다. 대통령(전두환)도 대단치 않은 사람인데." 하고는 거절을 하셨다. 참으로 곧고 청빈한 교육자로 일생을 신념대로 사시다 가셨다. 죽어도 죽지 않으신 김소화 선생, 내 안에 살아계신 외숙모. 살아생전의 그 따뜻한 모습이 담긴 사진 앞에 절을 올렸다.

 사촌 올케가 시어머니의 유품 몇 점을 주었다. 생전에 손수 만드신 예쁜 색동 골무 몇 점과 수젓집, 평생 천주교 신자로 기도하신 손때 묻은 향나무 묵주, 항아리 한 점. 모두 귀한 것들을 남기시고 가셨다. 유품들을 보고 있노라니 외숙모님의 죽음이 허무하지만은 않다는 생각이 들었다. 살아생전 많은 제자들을 길러내시고 당신의 존재가 가족과 조카인 나, 이웃들에게 더욱 풍요로운 삶을 누릴 수 있게 하여 주셨으니 진정 가치 있는 삶을 사셨고 죽음 또한 그 향기로움 속에 영원하리라는 마음이 들었다.

현대화의 물결에 부동산 경기가 부를 꿈꾸게 하던 그 시절, 사람이 사는 집, 가족의 정서와 안정 그리고 행복을 가꾸는 집이었던 외숙모의 집도 언젠가는 흔적 없이 사라져버릴 것이다. 낯선 땅 이민자로, 겨울이면 외숙모 집의 따뜻한 온돌방이 있는 그 집이 그리워진다. 몇 년 후에는 다시 갈 수 없는 집이 되지는 않을까. 존경했던 김소화 선생님의 영전에 이글을 바친다.(2009년 8월)

프리마켓 · 봄

 참으로 긴 어둠의 터널을 빠져나왔다는 느낌에 마음까지 경쾌해진다. 그 침침하고 눅눅하던 곳을 빠져나오니 눈앞에 하나의 광경이 들어선다. 갑자기 밝은 빛이 나를 이끈다.
 이민과 이혼, 감당하기 어려운 혼돈의 시간을 지나왔다. 어린 딸의 손을 꼭 잡고 들어서던 어둠의 터널. 절망으로 한 끼를 놓치고 눈물로 목마름을 달랬던 수많은 시간들. 사십 대 중반에 뿌리 뽑혀 떠나온 이민, 낯선 곳에서 견디어야만 했던 이혼이라는 절망과 마주한 시간은 정체되었다. 나는 분간할 수 없는 미로의 깊고 긴 터널에서 5년의 세월을 허송해야만 했다.

 속되고 속된 미움과 증오, 팽개침을 당한 자의 부당한 항변이 전혀 삭혀질 기미가 보이지 않았다. 내 편이 아무도 없는 이곳에서 어린 딸의 졸음 오는 눈을 바라보며 함께 잠들지 못한 어미의 시간, 어느덧 그 딸아이가 사춘기에 접어들었다.

그때 나는 사람의 삶의 전환점은 안온한 일상에서 오는 것이 아니라 위기 속에서 다가온다는 것을 조금씩 깨닫고 있었다.

이제는 상처가 아물어가고 그 자리에 새살이 돋아나 일상이 순조로워지고 있다. 돌이켜 보면 이혼이라는 파경이 전화위복의 계기가 되었다. 삶은 누리러 온 것이 아니라 힘들여 채우러 왔다는 걸 깨닫기 위해 어둠의 터널을 지나왔다는 것을 알게 되었다.

이민 짐을 부칠 때 가족들의 따가운 시선을 물리치고 아끼던 책 수백 권을 가지고 와서 이곳에 책을 빌려주는 가정도서실을 열었다. 한 달에 책 두 권 정도를 빌려주었고 일 년 회비는 20불이었다. 책을 통하여 삶의 길을 찾았다. 사십 대 후반에, 영어도 불통이고 기술도 없고 외국인과도 인연이 없으니 회원들을 통해서 김치와 반찬을 만들어 팔며 가끔 집 청소도 했다. 이 방법은 힘든 노동에 비해 수입이 적었다.

출구를 찾던 중에 지인이 미국 지도 보는 법을 가르쳐 주며 그라지 세일에서 물건을 구입해 프리마켓에 팔아 장사를 해보라고 했다. 기본적인 영어와, 필요한 멕시코 숫자와, 인사도 몇 마디 배웠다. 물고기가 아닌 고기를 낚는 법을 배웠다.

장사밑천이라고는 오직 순진한 모험심과 살아야겠다는 용기와 부지런함이 전부였다. 딸의 응원과 이웃의 넉넉한 마음을 모아 한 해를 쉴 사이 없이 달렸다.

주말 프리마켓으로 가는 길. 생존을 위한 싸움터로 가는 투사가 아니라 피크닉을 가는 문학소녀의 기분으로 집을 나선다. 포드 템포 작은 승용차 트렁크와 차 안 가득 헌 물건을 빈틈없이 싣고, 얼음 상자에는 맛있는 도시락과 커피 간단한 간식을 챙기고, 좋아하는 시집 한 권, 조수미의 울산 아가씨를 들으며 길을 떠난다. 190 하이웨이로 달리며 20분 거리에 있는 벨톤 프리마켓에 439로 달리기를 25분, 행복한 하루가 시작된다. 대형 컨테이너가 하이웨이를 굉음을 내며 질주하지만 텍사스의 차창 밖 풍경은 밋밋하기만 하다. 439로 들어서면 한적한 농가 풍경과 들판 여기저기 초록 융단 위에 핀 블루바넷 보랏빛 꽃들이 화사하게 피어있다. 그곳을 지날 때면 나도 모르게 마음이 열리고 싱그러운 봄 햇살과 꽃들에게 입맞춤을 날린다.

다시, FM 96 농장 길로 접어들면 프랑스의 명화 브르타뉴의 숲길을 연상하듯 숲과 다리와 교회가 보인다. 아름다운 목가적인 언덕 아래 호수에는 백조들이 유유히 물 위를 그림처럼 떠다닌다. 주택가 빨간 지붕 위로 반짝이는 아침 햇살이 내 이마 정수리에 꽂혀 나를 일으켜 세운다. 천주님이 창조하신 이 경이로운 아침이 너무도 찬연하여 기쁨이 된다.

주말 그 뜨거운 삶의 현장, 온갖 풍물과 알록달록한 원색의 남미 사람들. 가난에 찌든 백인, 흑인, 황색인종, 각양각색의 사람들이 몰려와 먼지를 일으키며 돌아다닌다. 바라보면 가난은 이리도 코믹한 연출을 펼치다니,

좌판에 차려진 나의 물건들. 이곳에서는 주객들이 영어가 서툴러서 각자 자기네 나라 말을 하기도 한다. 나는 듣고 있다가 그들에게 "뭐라고" 하고 응대하고 싶을 때가 많다. 멕시칸들은 나보다 더 영어를 못한다. 아이들이 통역해 준다. 우노 도스 꽈또르 같은 멕시코 숫자와 짧은 영어를 손짓 발짓과 함께 의사소통으로 이루는 장터가 서서히 열기를 띤다. 장사꾼이 못 되는 나는 인정을 나눈다. 수천 수억을 만지지 않아도 살아지는 이 목숨, 목숨들의 애환. 나초를 먹고 바나나와 빵을 파는 사람들. 시끌벅적하던 장터가 한산해지는 시간이다. 이름 없이 피고 지는 들풀 같은 사람들의 하루의 고단한 삶이 끝난다.

짐을 챙기고 더위에 지친 피곤함을 위해 시 한 편을 여유롭게 읽는다. 파시. 텅 비어가는 스산함이 좋다. 마지막 손님이 와도 좋고 안 와도 좋은 이 시간. 이백의 『오 칠언 절구』 시집에 푹 빠져든

다. 적막감에 이상해서 돌아보니 프리마켓에는 오직 나 한 사람뿐이다. 어머나, 문 닫는 6시네, 허둥지둥 남은 짐을 차에 싣고 해가 기웃한 들판을 가로질러 달린다.(1996년 4월)

프리마켓 · 여름

토요일 새벽이면 나의 몸은 자동 스프링이 되어 일어난다. 프리마켓을 가기 전에 먼저 그라지 세일을 하는 곳에 가서 돈이 될 만한 것들을 구하기 위해 이른 아침 7시경에 집을 나선다. 밤에 신문 그라지 세일 광고를 보고 주소를 적어 지도로 주소를 확인한 몇 집을 돌아 돈이 될 만한 물건을 구매한다. 부촌 어느 집 앞에 여러 사람들이 그라지 문이 열리길 기다린다. 문이 열리자 우루루 몰려 들어 물건을 이것저것 고르는데 내 눈에 들어오는 천 조각 이불, 많은 사람들이 북적이니 부부는 정신이 없어 보인다. 기다리다 가격을 물어보니 $50(Fifty)을 $15(Fifteen)으로 알아듣고 다른 물건과 함께 계산하고 나온다.

가게 문을 열고 조각 이불에 $30 가격을 붙였다. 깨끗하고 고급스럽다. $15을 남기면 이건 대박이다. 미국 사람들은 조각 이불의 선호도가 높다. 첫 고객은 언제나 이곳 장사꾼이다. 어리비리하게 보이는 내가 그들의 타켓이다. 그들은 내가 준 가격보다 싼 가격을 부른다. 탐나지만 그들에게 $30은 비싼 가격이다. 못 팔면 내가 가져도 될 것 같아 오후까지 팔지 못했다. 큰 물건이 아니라 초조하지도 않고 바라보기만 해도 좋은 물건이다. 오후 서너 시쯤에 주인의 골프 차를 타고 아침에 본 그녀가 아이와 함께 내게 왔다. 그녀의 말은 작은 한국여자가 $50불이나 하는 자기 조각 이불을 돈도 안 내고 가져갔다는 것이다. 영어도 유창하지 못한 내가 $15을 주고 다른 것과 함께 그녀의 남편에게 계산하고 가져왔다고 해도 그 물건을 다시 가져갔다. 가격이 $30이 붙어있는데도, 억울하면 경찰서로 가란다. 이웃들은 나를 이해했다. 피프틴과 피프티의 발음 차이로 이 억울함을 그때는 풀 수가 없었다. 하루의 상한 마음을 무겁게 짐처럼 꾸겨 넣고 집으로 돌아왔다. 딸아이는 "엄마 왜 오늘은 기분이 안 좋아 무슨 일 있었어?" 오늘 일을 설명하고 영어로 글을 쓰게 했다. "한국인의 긍지와 나의 자존을 세우는 정직과 근면 그리고 혼자 딸을 키우면 당당하게 살아가는 정하상 한인 천주교회의 교우이며 영어 발음이 잘못되어 $15을 주었으며 하늘을 보고 한 점 부끄럼 없이 살아가는 엄마라고" 뭐 대강 이런 내용을 쓰라고 했다.

일요일, 9시 미사를 보고 신부님과 딸과 함께 그 집에 갔다. 딩동, 차임벨 소리가 유난히 맑았다. 그녀는 어제의 나를 알고 있었다. 딸이 쓴 종이를 내밀고 그 물건은 필요 없고 $15을 돌려 달라고 했다. 그리고 남편을 불러 달라고 했다. 남편이 오자 나를 보고 다른 물건과 함께 돈을 받았다고 했다. 리챠드 신부님은 나를 변호했다. 고개 숙인 두 젊은 부부는 나에게 미안하다면 그 조각 이불을 내게 주었다. 아니 받겠다고 돈을 돌려 달라고 했다. 돈은 나에게 주고 딸에게 그 조각 이불을 주었다. 딸도 그것을 거절하고 돌아왔다. 후리마켓에서 정오가 지날 무렵에 그 가족들이 조각 이불을 들고 내게 왔다. 이웃 미국 사람들에게 어제는 미안하다며 딸의 편지를 보고 감동받았다고 했다. 남편이 돈을 받았다며 참 자존심이 강한 코리안을 만나 기분이 좋다며 기어이 조각 이불을 주고 갔다. 이웃들은 모두 한마디 했다. "프리마켓에서는 아무리 좋은 이불이라도 $50엔 아무도 비싸서 안 산다.", "당신이 너무 욕심이 많다.", "오래 덮던 이불이 그라지 세일에 $50이라니." 너도 나도 한마디씩 했다. 오해는 미덕이 되어 서로를 신뢰하고 사랑이 이 장터에 활개를 칠 것이다.

오늘 하루도 그들과의 해우에는 묘한 표정과 유머와 해학과 서투른 말이 오고 갈 것이다. 주말에만 서는 프리마켓, 한국의 오일

장과는 너무도 다른 풍경이다. 여기만의 진풍경이 있다. 이곳에서 한 주일 동안 못 만난 고향 사람들을 만나며 서로 껴안고 정을 나눈다.

프리마켓 사람들은 각양각색이다. 백인 흑인 황인종. 언어와 의상도 다르고 물건을 구매하는 품목도 다르다. 우선 백인들을 보면 엔틱이나 브랜드의 상표를 선호하는 수집가적인 쇼핑을 한다. 그들은 옷도 선정적이지 않고 디스카운트도 없다. 물론 백인들도 지지리 궁상으로 사는 사람들이 많다.

흑인들은 두 종류다. 가난하여 생활용품을 구입하는 사람들 혹은 화려한 옷이나 조화, 악세사리에 관심이 많다. 그들은 가끔 트러블메이커다. 슬그머니 물건을 집어가기도 한다.

다음은 황인종, 특히 남미 사람들은 밀입국자들이거나 가난한 사람들이 많아서 모든 생필품들을 이곳에서 다 구입한다. 철에 따라 입는 옷, 주방용품, 어린이 장난감, 주거용품 등 그들의 구매법은 최저의 가격이 나올 때까지 물건값을 깎는다.

이들과 마주하면 피곤하기보다 웃음이 나오고 함께 아파하고 함께 공감하게 된다. 그들이 지불하는 돈은 돈이라기보다는 한 방울 피가 연상된다. 와! 피 같은 돈. 가령 TV 한 대를 내가 20불에 구입했다면 30불을 부르는데, 결국 25불에 팔든지 아니며 23불에도 팔아야 하는 상황이 온다.

우린 함께 사는 거다. 그들과 내가 주고받는 나의 작은 돈에서 나는 그들과 같은 삶의 질을 느낀다. 이것은 상술이 아니고 서로의 사랑이며 배려이다. 간혹 한국 사람들도 필요한 물건을 구입하러 오다가 말을 걸어오기도 하는데 프리마켓에서 그들은 귀족이나 되는 것처럼 군림한다. 물건값은 또 얼마나 깎는지! 한두 개 팔아주며 적선하는 것처럼 대한다. 그들에게는 그냥 조용히 머리를 숙여 감사를 표하면 된다.

이곳은 참으로 다양한 익살과 블랙유머가 있다. 때가 절고 가난하고 비천하게 보일지 몰라도 여기를 찾는 이들은 참 따뜻하다. 깎고 깎이는 바보스러움 속에서 사람 냄새가 난다.

백인 할머니 로라는 언제나 겨울에도 맨발이다. 옷은 알록달록 빨강계열의 옷을 즐긴다. 지나가다 맘에 드는 옷을 보면 좋아라고 나를 포옹해주기도 하고 간혹 마늘빵을 만들어서 가져와 건네주기도 한다.

빨간 원피스를 $2에 주면 다음 주에 그걸 입고 와서 어떠냐고 물어보기도 하는 나의 사랑스러운 단골손님, 멕시칸 호세 할아버지는 좀 여유롭게 사는지 손가락에 금반지를 몇 개나 끼고 모자나 별 필요치도 않은 물건들을 골라 들고서 25센트의 팁을 주기도 한다.

지리적으로 독특한 변방인 벨톤 프리마켓은 킬린의 포 후드 부대 주둔지로 제대한 군인들이 많이 사는 곳이다. 프리마켓 최고의 거래 품목은 군인 용품들이 주를 이룬다. 제대 후에도 그들은 군대 생활을 못 잊어 군인 용품들을 소장하고 싶어 한다.

한 사람이 군복과 야전 모자, 야전용 백을 구입했다. 나는 쉽게 물건을 팔았고 그는 그 물건으로부터 젊은 날 싱싱한 땀을 흘리며 행군했던 그 시절의 추억을 소환한다. 인간은 욕망의 화신이라지만 프리마켓에 오는 사람들의 욕망은 참으로 순수하고 소소하다. 삶은 그리 거창하지 않아도 살아가는 사람들 사이에 풀풀 날리는 먼지들, 그리고 그 사이사이에 호탕한 웃음소리와 아이들의 칭얼거림이 어울려 북적대는 장터. 오늘도 강렬한 폭염에 잘 익어 수밀도 같은 미끈한 땀에 폭 젖어 나의 하루도 익는다. 자동차의 에어컨을 세게 틀고 페달을 신나게 밟는다. 텍사스의 뜨거운 태양은 이글이글 식을 줄 모르며 기울고 있다.(1998년 여름)

프리마켓 · 가을
- 사랑을 담아 되돌려 주라

한 주일간 허둥지둥 보내면서 생각하니 웃음이 나는 일이 있다. 샌드라 자매님이 TV를 새로 들였다고 구형 37인치 크고 무거운 것을 가져가겠느냐고 했다.

불경기에 얼마라도 받고 팔 수 있으려니 하고 그 무거운 것을 낑낑 들고 나와 차 뒤에 실었다. 혼자서는 어림도 없는 불가능한 일이지만 실을 때나 내릴 때 도와주는 손길이 있어 그저 모든 것이 고마울 뿐이다. 살아가면서 정말 더불어 산다는 것을 나처럼 절실히 느끼고 사는 사람도 없을 것이다. 지난주 팔다 남은 물건들과 무거운 티브이를 뒷좌석에 싣고 오스틴까지 먼 외출을 하고 돌아오기도 했다.

혼다 CRV는 나의 충실한 동반자이다. 세차도 제대로 못해서 안과 밖이 초라한 모습이지만 한 번도 반항하지 않고 나의 시간을 함께해준다. 하루는 소파를 와서 보고 가져갈 수 있으면 가져다가 얼마라도 받을 수 있지 않겠느냐고 전화가 걸려왔다. 가보니 정말 깨끗하게 쓴 벨벳의 라운드 소파다. 할아버지는 오늘 안에 가져가지 않으면 치워버린다고 했다. 성미가 급하시다. 이 궁리 저 궁리 하다 친구의 픽업트럭이 생각났다.

어디다 갖다 놓을까, 궁리를 하는데 문득 한준(베이비시터를 한 집) 네가 떠오른다. 그래, 그 집 소파가 너무 낡았지? 전화를 걸어 소파가 깨끗한데 필요하면 $50에 사지 않겠느냐고 하자 흔쾌히 그러마 한다. 친구는 픽업을 타고 달려왔다. 5분 거리이니 한준이 아빠도 선뜻 나서주었다. 그래도 그 마음 씀씀이가 고마웠다. $50 수입은 혼자 힘으로 불가능하다. 모두에게 감사한 마음이다. 소파를 준 할머니의 다리가 불편하시니 반찬을 만들어다 주었다. 받은 사랑을 되돌려 주는 것이 겨우 이것이다.

토요일 프리마켓에서 큰 TV를 차에서 내리는데 도와준 사람에게 감사의 표시로 그가 고른 옷을 그냥 주었다. 땡큐를 연발하는 그의 미소가 후덕하다.

저 TV를 못 팔고 그냥 가져가는 일은 없어야 하는데, 나의 마음은 걱정이 태산이지만 가격을 물어보는 사람이 없다. 간혹 물어보는 사람에게 $30에서 시작해 $25까지 불러보지만, 모두가 시큰둥이다.

해가 서쪽으로 기울면서 옆 사람들이 하나둘 떠나고 갑자기 장터가 허전해진다. 누가 저 큰 짐을 내 차에 실어 주나 걱정이 일면서 초조해지기 시작한다. TV $20을 외쳐 본다. 후줄근해 보이는 멕시칸 젊은 부부가 호기심에 이리저리 살핀다. 결국 낙찰가는 $18이다. 그의 환한 얼굴을 보며 나 혼자 안도의 숨을 크게 들여마신다. 큰 짐을 벗은 듯이 마음이 가벼워, 오면서도 그들에게 땡큐를 연발한다. 누이 좋고 매부 좋은 거래다.

$18의 행복을 맛본다. 아! 요만큼이 $18의 행복이구나. 또 이렇게 하루가 지나간다. 프리마켓에 나와 팔고 사는 사람들은 주머니가 두둑하지 않다. 1불도 50센트도 서슴없이 깎는 것은 애교로 봐주어야 한다.

대부분 같은 장사꾼이 첫 손님이다. 그들이 구매해서 자기 가게에 비치하는 가격은 내가 파는 가격보다 두 배 이상이다. 그다음 손님은 엔틱이나 브랜드를 싸게 사려는 사람들이다.

오후에 나오는 사람들은 진짜 가난하고 필요한 물건들을 구하는 나의 최고의 손님들이다. 그들에게는 가격이 없다, 최대한의 절충. 그들의 주머니 사정에 사랑을 채워 나눈다. 사랑을 받아 되돌려 주는 마음이 아니면 이 일을 할 수 없다. 1불은 그들과 나의 목숨이다. 살아가는 일에 있어서 얼마나 적은 돈으로도 사는지 몸으로 느낀다. 25센트 장난감 하나가 아이를 즐겁게 하는 프리마켓이다.

$5이면 그들과 나는 옷 몇 가지와 아이들의 장난감 등등 여러 가지를 무더기로 흥정할 수 있다. 그들의 비닐봉지가 넘치고 아이들은 나초를 먹고, 프리마켓 하루의 발걸음이 가볍다.

지상에는 하찮은 것이 없다. 프리마켓의 장터에서 그들은 나에게 최고의 고객 대접을 받는다. 그들의 눈빛은 선하고 단순하다. 몇 $의 이익은 타산이 아니다. 거액의 검은돈으로도 만족을 채우지 못하는 사람들을 보라. 가끔 나는 아이러니하게도 가난하므로 행복하였네, 라는 말을 공감 이상으로 받아들일 때가 있다. 사람들의 물결이 고무풍선에서 바람이 빠지듯 고요해지는 시간이 오면 나는 시집을 펼친다. 「새」라는 시의 마지막 몇 구절이다.

몸 전체가 비어있는

이 가을

나에게 와서 금을 긋고

나같이 조금 망가진 새

새처럼 그래 조금 망가지면 어때, 가을이 이리 찬란한데… 천연덕스럽게 하루 동안 아무 일도 없었던 것처럼 나는 문학소녀가 된다. 서두르는 사람들의 옷깃이 실루엣처럼 멀어진다. 내가 나를 다독이고 수고로운 하루의 보상으로는 시 한 수가 묘약이다.

해가 기운다. 주섬주섬 남은 물건을 챙긴다. 메밀꽃 필 무렵의 장돌뱅이처럼 가을바람을 옷깃에 불러들인다. 바람이 슬며시 나를 건드린다. 육신의 젖은 피로와는 달리 마음은 가벼워진다. 파시의 쓸쓸함을 뒤로 돌리고 나의 애마에 시동을 건다. 돌아가는 길은 빠른 길 하이웨이로 달린다. 종이의 숲(책들)이 기다리고 있는 나의 안온한 집으로 달린다. 텍사스의 저녁 햇살은 가을이라도 따갑다.(1997년 11월)

프리마켓 · 겨울

벨톤의 프리마켓은 허허벌판이다. 텍사스라지만 겨울바람은 매서운 칼바람이다. 바람이 기댈 곳 없어 자꾸만 허술한 사람들에게 심술보를 풀어놓는다.

차에서 물건을 내려놓으며 바람은 휙- 하고 심술부리는 아이처럼 저 멀리 옷가지를 날린다. 예쁘고 값이 나가 보이는 것을 앞에 진열한다. 이번 주에 팔, 가장 값이 많이 나가는 엔틱 마호가니 탁자의 먼지를 닦는다. 고급 브랜드다. 물론 그라지 세일에서 구입한 제품이지만 고객들의 선호도에 따라 더 값을 받을 수도 있다. 옷을 걸고 여러 가지 다양한 매물들을 제자리에 펼쳐놓는다. 이렇게 펼쳐놓으니 제법 멋진 가게주인이 된 듯하다. 오늘은 소의 등을 쓸어주는 묘한 것을 2불에 구입해 왔다. 첫 고객이 그것을 들고 가격을 물어왔다. $5에 팔려나갔다. $20을 받고 거스름돈을 환산하고 물건을 정리하는데 멕시칸 두 사람이 와서 전기 어댑터가 얼마냐

물어 1불을 받고 팔았다.

그것을 산 멕시칸들이 가지 않고 한참 이것저것 구경하다 $19를 달라고 한다. $1을 받았다고 하자 둘은 여전히 $20을 주었다며 나인틴 달라 나인틴 달라를 합창하며 돈을 내놓으라고 슬며시 윽박지른다. 그리고는 앞에 찬 전대를 열어보란다. 자기가 준 돈 $20이 있다면 자기네 말이 맞을 것이니 $19의 거스름돈을 내놓아야 한다고 인상을 쓴다. 그 얼굴을 보자 화가 치민다. 티격태격 시비가 붙었다. 너희들은 $19짜리밖에 안 되는 멕시칸 종자들이냐? 영어가 안 되기도 하지만 차마 입 밖으로 내뱉지는 못하고 입안에서 말을 굴린다. 마침 그때 프리마켓의 오너 딸이 지나가기에 경찰을 불러달라고 했다. 그들은 그때야 나의 지원군을 보고 달아나면서 손에든 전기 어댑터를 냅다 나에게 던졌다. 어댑터가 내 머리를 치는 순간 나는 정신을 잃었다. 내 머리에서 피가 흘렀다. 오너의 딸이 급히 차를 몰고 가까운 스카이 와잇 병원으로 달려갔다. 세 바늘을 꿰매고 정신을 차리니 12시가 조금 지났다. 응급실에서 그때까지 기다리던 오너 딸의 부축을 받으며 나는 다시 프리마켓으로 돌아왔다.

산다는 것은 그러므로 살아내는 것이다. 장터는 나에게 더 강하고 억센 여자로 살라 한다. 돌아오니 내 자리는 친절한 이웃들이 지켜주어 물건은 그대로였다. 모두들 박수를 치며 따뜻한 물을 건네준다. 그들의 위로가 고맙기만 하다.

겨울바람이 욱신거리는 머리 위의 머릿결을 어루만지며 지나간다. '바람아 난 오늘 못된 사람들에게 부상을 당했단다. 나를 좀 피해 가면 안 되겠니.' 바람은 그저 모르는 척 세차게 불어와 물건들도 날리고 추위에 웅크린 나를 휘갈긴다. 다행히도 늦은 고객들이 찾아와 이것저것 물건들을 집어간다. 오늘따라 그들이 더 고맙다.

몸은 따뜻한 온돌방에 눕고 싶은데 마음은 조금만 더 참자고 한다. 아무리 못 팔아도 오늘 하루 평균 수입의 절반은 넘어야 한 주를 살아갈 수 있다. 나는 마지막까지 남아있을 작정을 한다. 그때 멀리서 누군가가 "하이! 정"하고 나를 부른다. 돌아보니 나의 단골 고객인 수잔이다. 수잔은 다가와 나를 보다 울먹이며 나를 안아준다. "갓 블레스 유"를 연발하며 두 눈에 눈물이 글썽인다. 고진감래라는 말이 있다. 오늘의 이 사건을 보상받는 행운이 찾아 왔다.

몇 주 전 나는 먼지투성이로 볼품없이 때가 절은 독일산 크리스탈 샹들리에를 $30에 구입했다. 집에 가져와서 목욕탕에 비누를 풀고 몇 시간 동안 물에 담가 두었다, 하나하나 닦아 건조시키니 이건 화려한 변신을 한 최상품의 크리스탈 보물이다. 눈부신 광채, 그 독일 할머니가 이것만은 디스카운트가 안 된다고 한다. 젊은 날의 멋진 추억이 담긴 것이라고 한 말이 생각난다. 초라한 내 아파트에 있을 것이 아니라 제 주인을 찾아 주어야겠다고 생각했다. 그리고 몇 주 전 수잔에게 그 물건을 $130에 팔았다. $100의 이익을 남기고도 좀 아쉬웠지만 그땐 나에게 최상의 이익이었다. 그 이상을 받는다면 이곳에서의 상도가 무너진다.

수잔은 햄버거와 커피까지 건네주며 말한다. 그 물건을 엔틱 책에 광고해 $1800에 팔았다는 것이다. 자기가 지금까지 판 물건 중 최고가의 물건이라고 자랑하며 봉투를 내민다. $200이 들어있었다. '오마이 갓' 신의 한 수가 이런 것일까?

장사도 하나 못하고 머리에 피를 흘리면서 허무하게 보낸 오전 때문에 오늘 하루가 망가졌다고 슬퍼하고 있었는데 그녀가 한순간에 나의 마음을 봄날로 돌려놓아 주었다. 그녀는 엔틱을 구해 잘 손질한 다음 다시 파는 직업을 갖고 있는데 그를 통해 나도 엔틱을 보는 눈이 조금은 생기게 되었다.

그러고 보니 삶은 악을 쓰면서 살아내는 것이 아니라 순응하며 살아가는 것이라는 생각이 든다. 어떤 일이 닥쳐도 두려움 없이 초연함을 키워나가야겠다고 생각하니 내가 조금 성숙해진 것 같다.

나는 시린 머리에 수건을 두르고 남은 짐을 챙긴다. 시동을 걸고 히터를 켠다. 따뜻한 온기가 전해오자 긴장이 풀려 그렇게 10분간 잠이 들었다. 겨울 해가 지려는 시각이다. 놀라서 일어나 가속 페달을 밟으며 어린 딸이 기다리는 곳으로 달린다. 어디에도 부대낄 곳 없는 칼바람만 텅 빈 장터에 남겨두고 떠난다.

깡통 속의 블루바넷

　영화나 TV에서 보면 병실 입원 환자들의 모습이 부러워 보일 때가 있었다. 환자복을 입고 침대에 누워 방문 온 사람들과 웃고 있는 모습, 그곳에는 휴식이 있고 고요가 있고 환자만의 시간이 있다고 생각했다. 끈끈하고 피곤한 일상에서 벗어난 삶의 저편, 나도 언제 입원하여 쉬고 싶다는 엉뚱한 생각을 해 본 적이 있었다. 얼마나 몸이 고달프면 그런 생각까지 들었을까? 참 한심한 여자다. 그러다 내가 진짜 수술하고 입원해 있는 동안 그런 상상은 얼마나 위험한 착각인가를 느끼게 되었다.

　육신의 고통과 납덩이처럼 무겁게 짓누르는 시간을 견디어 내야 했다. 걸어 다니는 모든 사람들이 부럽다는 생각이 들 정도였다. 건강하다는 것은 얼마나 큰 축복인가. 매일 깨끗한 시트를 갈아주고 환자복으로 갈아입혀 주는 간호사의 정성도 병실 밖을 걸어 다니는 사람들보다는 덜 위로가 되었다. 버튼 하나만 누르면 눕고 앉고 사람을 부르기도 하는 초현대식 침대의 안락함도 육체적 고통을 덜어주지는 못했다.

　병실 안의 닫힌 시간과 병실 밖의 열린 시간의 차이를 느낄 때 창밖 풍경이 다른 세계처럼 보이기도 했다. 병실 안은 주검의 그로테스크한 그림 속에 깔린 깊이를 알 수 없는 시간의 무게가 느껴졌다. 한인회와 성당 교우, 이웃들이 병실에 찾아와서 위로해 주었다. 화분과 꽃바구니와 카드를 놓고 갔다. 빈손으로 찾아오지 않았던 내 이웃 교민들의 아름다운 마음을 새삼 느낄 수 있었다. 나는 그때 한국 방송국에서 4시에서 5시 사이 음악방송 여성 만세 프로를 맡아 진행했다. 많은 애청자들이 방문해 나의 병실은 꽃밭이 되었고 그 꽃향기에 간호사들은 감탄을 터트리곤 했다. 그러나 병실에 누워 있는 깊은 밤 고통과 불면으로 뒤척이다 뭉클함이 목울대로 넘어오곤 했다. 외로움이었다.

　오늘은 딸이 침울한 얼굴로 친구의 차를 타고 병실을 방문했다. 이틀을 못 본 딸이 그리도 반가웠다. 12살의 딸아이가 음료수 캔에 물을 채워 텍사스의 꽃 블루바넷 몇 송이를 담아, 스마일 얼굴을 그리고 한글로 "엄마 빨리 나으세요. 엄마 사랑해."라고 쓴 작은 카드와 함께 내밀었다. 내 손을 잡아주던 딸의 얼굴을 보며 나는 잠시나마 평온을 되찾았다. 아! 나는 일어나야 할 또 하나의 명분이 있구나.

산다는 것은 기쁨과 슬픔이 씨줄과 날줄로 짜여진 날이 공존하는 것이다. 어른들처럼 화분이나 꽃바구니를 살 수 없어서 기특한 마음으로 길섶 풀꽃을 꺾어 들고 온 딸이 심청이처럼 기특하다. 어미 된 기쁨을 딸아이로부터 느낀다. 백합, 장미, 카네이션 안개꽃 아름다운 꽃 틈에 초라해 보이기까지 한 깡통 속의 블루바넷. 세상에서 가장 아름다운 천사의 선물이다. 그곳에 내 눈길이 오래 머문다. 간호사들의 조크. 딸아이가 가져온 블루바넷이 가장 빛난다고 한다.

혼자 있어도 외롭지 않았다. 깡통 속에 블루바넷을 바라보며 병실에서 마음의 안정을 찾았다. 벌써 퇴원 후 열흘이 지났다.

빠른 속도로 회복되어가는 몸과 마음은 혹한을 밀어내고 봄이 오듯 파릇파릇 생기가 돌았다. 딸아이도 엄마의 아픔을 바라보는 동안 더 성숙해진 것 같다. 조금은 소녀티가 난다. 설거지도 하고 일찍 일어나서 혼자 학교 갈 준비도 하고 엄마 곁에 맴돌면서 걱정도 한다. 엄마의 몸이 완쾌됨과 동시에 딸아이의 얼굴에도 웃음이 환하다. 부지런히 운동하고 약도 먹고 그동안 이웃의 다정한 손길에 감사 카드를 쓴다. 딸에게도 한 장 써서 책가방에 넣었다. 이민 와서 이혼 후 고생하느라 못다 잔 수면 부족도 해소되었다. 못다 읽은 책도 읽으며 툴툴 털고 일어났다. 아침이며 새 희망을 떠올리며 나를 사랑해 준 교민들에게 감사를 드린다. 깡통 속 블루바넷을 들고 병실에 찾아와준 사랑하는 나의 딸에게도 건강해질 것을 약속한다.

수갑, 그 차가운 기억

'구치소 견문록'이란 김건하 선생의 카페에 올라온 글을 읽자, 24년 전 어느 흐린 날의 기억 하나가 지층 아래로 굳어버린 날카로운 파편이 되어 슬그머니 나를 건드린다. 이민 초기에 이혼한 마음속 매운 화연의 불길을 끄지 못하고 있을 때였다. 살길을 찾아 나선 것이 청소였다.

지금 생각하면 참 어처구니없는 실수? 인지 황당함인지 알 수 없는 사건이었다. 나는 그때 새벽 다섯 시에 FOOT HOOD의 PX에 있는 작은 은행 청소를 다녔다. 그 안에 들어가려면 6개의 암호를 누르고 들어가야 한다. 그 문은 정말 육중한 철문이라 문 앞에만 서면 '열려라 참깨!'라는 주문과 함께 문이 열리길 바라는 심정이 절로 들었다. 그때 나의 체중이 95파운드였다. 겨울이었던 걸로 생각난다. 일월의 살기등등한 텍사스의 새벽바람 속에서 철문의 숫자를 누른 후 온 힘을 다해 문을 밀고 들어가곤 했다.

하루는 그 시간에 미국 군인이 문을 열고 들어가기에 나도 그 군인 뒤를 따라 들어갔다. 그곳에는 다른 사무실도 있었다. 내가 은행 문을 열고 들어서는 순간 갑자기 비상벨이 미친 듯이 울리기 시작했다. 나는 그만 놀란 토끼 가슴이 되었다. 이게 무슨 일? 도대체 벨 소리가 끝나지 않는다. 마음을 진정시킬 수 없는 당혹감에 사로잡혀 멍하니 서 있을 때 헌병들이 들어왔다. 그때 그 상황에 헌병들이 하는 말은 모두 쏼라쏼라로만 들렸다. 그러더니 내 손에 수갑을 찰깍 채우는 것이 아닌가. 눈앞이 캄캄했다. 순간 나의 뼈들이 바스러지는 듯했고 나는 그 자리에서 구약 성서 속 롯의 아내처럼 소금기둥이 되고 말았다.

그때처럼 떨리고 말이 안 나오기는 처음이었다. 밖에는 새벽의 적막을 깨트리며 요란한 헌병 차의 불빛과 소음이 사방에서 웅- 웅- 반짝거렸지만 내 귀에는 아무것도 들리지 않았다. 나는 마치 무인도에 홀로 서 있는 느낌이었다. 헌병대 차를 타고 도착한 곳은 딱딱한 분위기의 헌병 구치소 취조실인 것 같았다. 나는 시간이 좀 지난 한참 후에야 군인들을 바로 볼 수 있었다. 초라하고 작은 동양 여자를 은행에 무단 침입한 은행 강도로 오인하고 이리저리 움직이고 있는 그들을 보고 있노라니 그들이 무섭다기보다는 미안한 생각이 들면서 마음이 차분해졌다. 서류를 꺼내 놓고 이름과 주소를 묻는데 영어로 된 집 주소가 생각나질 않고 이민 오기 전 살았던 나의 집 서울 신림 2동 125번지가 떠오른다.

겨우 정신을 차리고 집에 딸이 혼자 있는데 전화를 빌려줄 수 있느냐고 하니 전화기를 내밀었다. 청소회사 오너 집에 전화하여 엄마 여기 있다고 연락하고 혼자 시리얼 먹고 학교 걸어서 가라고 하니 딸은 울며 "엄마 괜찮아?" 한다. 울먹이는 딸의 음성이 아득하기만 했다. 헌병은 나에게 수갑을 채워 놓고는 오너가 올 때까지 나를 혼자 내버려 두었다. 겨울인데도 내가 잡혀있던 그곳은 냉방이어서 내 몸과 마음이 꽁꽁 얼었다. 나도 모르게 "엄마, 추워." 하는 소리가 입 밖으로 새어 나왔다.

수갑이 채워진 손을 내려다본다. 나는 비밀번호도 말했고, 청소하는 사람인데 이렇게 두 손이 수갑이 차고 있다는 것이 이상하다. 이 작은 한 줌의 여자가 무단침입에 은행 강도라니, 이 기막힌 사건 앞에서 나는 유창한 언변으로 그들을 질타한다. 그들의 언어가 아닌 내 나라 언어, 5000년 역사로 빛나는 한국말로 소리치고 호통을 친다. "수갑으로 나의 자유를 감금할 수 없다. 나는 굴하지 않고 박탈당하지 않는다. 너희들이 희랍인 조르바를 알아, 수갑을 차도 난 자유인이야, 자유인이라구!" 마음은 처음처럼 불안하지도 않은데 몸이 춥다. 엄마와 온돌방이 그립다.

9시가 다 되어서야 오너, 한국여자 그것도 장로라는 직분의 사장님이 나타났다. 그녀를 보자 화가 났다. 전화 받고, 일 초가 바늘방석인 이곳으로 곧장 내 일처럼 달려오진 못해도, 서너 시간 가까이 되어 나타나다니. 나에게 항상 사장님으로 거만하던 그녀가 갑자기 비굴하게 헌병들에게 머리 조아리는 모습이다. 그리고 하는 말이 혜진이 엄마가 잘못했으니 벌금 $150에 사인하라고 한다.
　"뭘 잘못?" 말 대신 신음이 터져 나온다. 청소하는데 한 달 $200이다. 벌금은 무슨 씨나락 까먹는 벌금, $150이 애 이름인가, 내겐 거금인데, 미친 것 아닌가? 마음속으로 악다구니가 넘친다. "혜진 엄마는 미국에서 일하기 힘들 거예요." 그 자리에서 나는 해고되었다. 비참함과 거액의 $150 벌금, 나는 어처구니없는 상황을 수긍할 수밖에 없었다. 그러나, 그렇게 분노한들 무엇하랴.

　열시 가까워 밖을 나오자 아침 햇살이 정수리를 찌르고 달려드는데 빈속에 신경을 써서 그런지 나는 그만 그 자리에서 구토가 치밀어 올랐다. 왝왝하는 나를 보며 그녀는 "내일부터 나오지 말고 돈은 나중에 계산해요. 미국에서 취직하기 힘들 거예요." 하더니 뒤도 안 돌아보고 차를 몰고 그 자리를 떠나갔다. 두 달 가까이 되어서야 벌금을 내고 계산하니, 내가 번 돈보다 18불을 더 내야만 했다. 벼룩의 간을 떼먹지, 이민자의 가난한 주머니를 털어가는 미육군 부대의 행정 처사라니. 이럴 수가 정말 황당하다. 그러나 나중에 알고 보니 영어를 모르는 내가 그 귀하신 장로님께 당한 것이었다. 그 잔인함이란 수갑의 차가운 느낌보다 더 잔인하고 강렬했다. 나는 그만 눈물이 났다. 그 사건은 오래도록 내 가슴에 시퍼런 멍으로 남아 나를 아프도록 괴롭혔다.

모든 것은 다 지나가리라. 험하고 가파른 길들을 마다하고 피할 수 없는 때 샤위를 하며 실컷 울었던 추운 기억의 지난날들. 이제 와 보니, 그 순간순간들의 조소와 억울함은 나 혼자만이 당하는 일이 아니라는 걸 이민자들의 잔잔한 글 속에서 다시 알게 되었다.

내가 겪은 그 모진 일들은 알고 보면 나만의 당한 고난이 아니었음을 많은 시간이 흐른 후 알게 된 것이다. 이제 슬픔 몇 개는 거뜬히 소화 시킬 수 있는 튼튼한 위장을 지녔다. 산 자의 서러움은 노래가 되었고, 저무는 노을을 한가로이 바라보며 세월의 강을 건너왔다. 이제 나의 어린 딸은 미국 사회에서, 당당한 한국의 장한 딸로 커서 이민 1세의 고난 위에 피어나는 꽃이 되고 나의 바람막이가 되었다. 고난은 인생의 미래를 위해 뿌려진 거름이며 단단한 씨앗이다. <슬픔만 한 거름이 어디 있으랴> 허수경 시인의 시처럼, 많은 시간이 지났어도 그때의 순간은 여전히 아픈 기억이다. 수갑, 그 차가운 기억.

2부

너희들 생애 최고의 아름다운
시간이 내게로 와서

위험을 사수하라

지난해 나와 같이 둥지를 튼 제비가 다시 돌아왔다. 둥지를 찾은 제비는 지난해 태어난 새끼 제비인지 아니면 그 어미 제비인지 알 수 없지만 반가운 해후를 했다. 부지런히 둥지를 만들고 꾸미느라 요란한 날갯짓에 행보가 빨라졌다.

잊지 않고 나에게도 인사를 하는지 창 앞에 앉아서 재잘거리기도 한다. 어느 날 새끼들이 노란 부리로 머리를 내민다. 방금 알에서 나온 저 예쁜 제비 새끼들이 지지베베 말을 걸어온다. 며칠 사이 저놈들이 제법 자랐다. 어미는 날갯짓을 하면서 핑그르르 집 주위를 선회하다 부지런히 날아다니며 먹이를 구해온다.

지난해 아픈 경험이 떠오른다. 새끼 제비가 조금 자라 비행연습을 하려고 날다 떨어져 죽었다. 나는 두 번 다시 그런 일이 일어나지 않기를 바라는 마음에 둥지의 마당을 만들어 주어야겠다고 생각했다. 두터운 마분지를 잘라 모양을 만들고 의자 위로 올라가서 망치로 못을 박는 동안에, 아 글쎄, 제비 새끼들은 망치 소리에 전쟁이 난 줄 알고 몸을 움츠리며 떨었다. 그렇게 요란스럽게 지지베베 노래하던 제비들이 소리를 죽이고 몸을 최대한 움츠려 나에게 보이지 않으려 둥지 속 깊이 묻혀 있었다. 어미가 돌아오자 새끼들은 어미에게 이렇게 말했다.

"엄마. 오늘 재린이 엄마가 우리에게 무서운 폭행을 가했어."

"엄마, 우리 죽는 줄 알았어."

"이제 우리 소리 내지 말고 이 위험을 사수해야 해."

제비 엄마 왈 "아이구, 내 새끼들 재린이 엄마가 너희들에게 무슨 못된 짓을 했니."

"그 아줌마 이제 보니 놀부 심보네."

"그래그래 내 새끼들 무서웠지."

"이제 한동안 소리도 내지 말고 다시 지켜보자."

"아이구, 하느님 맙소사."

안온한 둥지를 흔드는 파괴자의 굉음에 놀라 어미 제비는 꼼짝도 안 하고 새끼를 품고 먹이를 구하러 나가지도 않은 채 하루가 지났다. 문을 열어 쳐다보기도 죄스러웠다. 어미가 날아다니며 먹이를 가져와도 새끼들은 며칠 동안 지저귐이 없었다. 무심한 삼 일이 지나가고서야 조금씩 다시 모습을 나타내었다. 어미도 이제 좀 안심이 되었는지. 제비 엄마 왈.

"애들아 재린 엄마가 나쁜 사람이 아니구나, 우리에게 앞마당을 만들어 주려고 공사를 한 거야."

"애들아, 이제 안심하고 재린이네 집을 위하여 노래 부르렴."

제비 새끼 왈 "엄마 맞아, 그동안 숨어 지내느라 너무 답답하고 노래도 하고 싶어."

"재린이네 가족과 다시 눈 맞추고 노래 불러야지."

"그래그래 엄마가 없어도 이제 안 무서워. 마당도 생겼는데."

제비들의 말을 나는 알아듣는다. 활기차게 노래 부르는 저들은 생명의 안온함을 다시 찾았다.

생명을 보존한다는 것은 힘들여 살지 않는다는 것이다. 자연이 움직이는 걸 가만히 보면 알 수 있듯이 자연은 소란을 피우지도 않고 진도 빼지 않고 최소한의 노력으로 살아간다.

나무는 애쓰지 않아도 자라고 꽃은 애쓰지 않아도 핀다. 물고기들은 그냥 헤엄치며 자란다. 모든 것이 자연스럽게 움직이고 자란다. 유일하게도 본성에 따라 살지 않는 것이 인간이다. 인간은 욕심과 애착을 충족하기 위하여 살기 때문에 힘들게 살아간다. 그 결과 생명을 낭비한다.

손안에 쥔 작은 핸드폰 하나가 세상을 바꾸어 놓았다. 고 작은 크기에 비해 가격은 녹록지가 않다. 꾹꾹 누르기만 하면 몇 초 안에 세상 소식 다 듣고 통화하고 문자 날리고 그리움이 쌓일 틈도 없는 세상이다.

제비 가족들을 통하여 다시 자연스러움에 대한 외경심이 생겨나고 애착과 집착을 버리고 자연스럽게 순응하여 살아가고픈 마음이 절로 우러난다. 아래는 신영복 선생님『처음처럼』책의 90페이지에 실린 글이다.

새끼가 무엇인지

미루나무 끝에 새봄이 왔습니다.
새끼를 먹이느라 어미 새가
쉴 틈이 없습니다.
새끼가 무엇인지?
어미가 무엇인지?
아마 새끼는 어미의 새봄인가 봅니다.

(2011년 5월 27일)

파스타를 먹는 저녁

며칠 전부터 딸 재린이는 감기몸살로 밥을 못 먹는 엄마 걱정을 많이 한다. 직장에서 손님이 사준 스시 도시락을 들고 와 입맛 없는 나에게 권하기도 한다.

드디어 오늘 우리 집 주방장이 바뀌었다. 재린이가 오늘은 이태리식 파스타 요리를 해준다고 쇼핑을 해왔다. 엄마는 이태리 여행객처럼 우아하게 책이나 읽고 앉아있으란다. 애피타이저는 새우와 파인애플을 베이컨에 말아서 꼬치로 끼워 오븐에 굽고 사이드 접시에는 초록색 콩을 살짝 데쳐서 버터에 볶아 올리고, 빨강 토마토 소스에 파란 파슬리 등등 새콤달콤 요상하게, 파스타 국수를 삶아 소스를 치고, 아하! 딸이 만든 파스타는 이런 맛이구나.

완성된 파스타를 분위기 있는 상차림에 올려놓자 우리 집은 이태리 뒷골목 식당으로 변했다.

"잠깐만, 칸소네 한 곡, 오페라가 좋을까 성악곡이 좋을까? 그래

오 솔레미오를 듣자."

편안한 친구를 초대하려고 하니 친구의 남편이 이라크에서 오는 날이라 한다. 이 아담하고 심플한 식당에 손님이 달랑 나 혼자, 철마다 바꾸는 예쁜 식탁보를 새로 꺼내느라 법석이다. 부엌은 온통 아수라장 냄비와 크고 작은 프라이팬과 잘 쓰지 않는 큰 접시와 그릇들이 총동원되어 부엌은 만원이다. 우아하게 여행객으로 있기에는 좀이 쑤신다. 레릿비 레릿비, 팝송 가사처럼 가만두자 못 본 척하자, 나이가 몇 살인데, 대강 치워놓고는 상차림을 하는 딸 재린의 모습을 훔쳐보며 그래, 주방 주인이 되어도 되겠다.

식탁 앞에 앉으니 창 너머 황홀한 일몰이 스러지고 황금빛 잔해가 낭자하다. 이 부유함에 겨워서 나 자신을 주체할 수가 없다. 가난은 갖고도 더 가지고 싶어 하는 결핍에서 오는 것이 아닐까? 나는 파스타를 먹는 이 저녁이 이태리의 부호가 된 마음이 들었다. 딸은 뒷설거지까지 깨끗이 해 놓고 "엄마, 어땠어, 맛 괜찮았어?" 하고 묻는다. "파스타 훌륭해~ 최고의 맛을 경험해 준 멋진 저녁이었다. 이태리 여행 한번 잘했다."

부엌에 불을 끄고 퇴장하는 딸의 뒷모습에서 에미가 없다 해도 잘살아갈 수 있겠구나, 하는 생각이 든다. 세월은 그냥 스치고 가는 것 하나도 없다는 것을 실감케 한다. 걱정을 내려놓고 갈색 어둠 속으로 나를 깊이 침몰시킨다.

창 너머 하늘은 하루를 다 태우고 붉은 잔해로 가득하다. 자하가 저리 아름다운 걸 보니 죽음도 아름다울 수 있겠구나. 오늘 하루도 한없이 나른해지는 육신과 정신적 사유는 나를 더욱 투명한 침묵 속으로 가라앉게 한다.

이 가을에

가을날 여자가 나이를 느낄 때 여자의 감성은 샹송처럼 번진다. 자신을 되돌아볼 여유도 없이 자식들과 가족들을 위해 살아온 세월을 반추해 본다. 거울 앞에서 자신의 얼굴을 들여다보니 눈가 잔주름에 흰 머리카락, 이제 자신이 늙어가고 있다는 기분을 문득 거울 앞에서 느낄 것이다.

'세월의 물살이 참 빠르게 지나갔네.'

젊은 시절에는 가난하고 외롭더라도 적당한 오만과 당당함, 첨예한 의식이 전부였다. 반면에 낡고 터부에 젖은 기성세대의 비겁함과의 타협은 절대 용납할 수 없는 금기였다. 곧고 당당하던 그때의 젊음은 실로 한순간에 지나가고 어느덧 초로의 나이를 지나온 지금, 그 옛날 명징했던 기백은 사라지고 세상과 하나가 되어버린 나 자신을 느낀다.

인생은 풀잎에 맺힌 이슬이라 한 것이 젊음을 두고 한 말은 아닐까. 꿈에서 깨어나면 다시 그 꿈의 파편을 만날 수 없듯이. 나이, 그 보이지 않는 신의 마법에서 풀려날 수 있는 사람은 아무도 없다. 여자에게 다가온 이 쓸쓸한 변화를 받아들이기에는 억울할 때가 있다. 그러나 어찌하랴. 이 허무의 늪 같은 육체적 정신적 변화를 나이만큼이나 성숙하게 받아들여야 한다는 사실을 인정하지 않을 수 없다.

루이저 린저의 『생의 한가운데』란 책을 좋아했다. 책의 제목처럼 생의 한가운데란 내가 살아가고 있는 시간 즉, 청춘의 시간도 중년 혹은 노년의 시간 또한 아니다. 오직 지금 현재가 생애 최고의 생의 한가운데일 것이다. 말하자면 카이로스적 시간일 것이다.

일상적으로 시간이란 24시간으로 보고 있지만 어떤 때를 가리키는 시간대도 있다. 어떤 만남을 예로 하자면 인간의 모든 노력도 허사가 되는가 하면 소리 없이 이루어지는 상황을 만나기도 한다. 카이로스란 소리 없이 이루어지는 상황을 말한다. 다시 말하자면 상황적 시간, 질적인 시간 그리고 최적의 때로 표현될 수 있는 시간이 카이로스적 시간이다.

이 가을날 거울 속에 비친 자신의 모습이 퇴락되어 갈지라도 자신이 존재하는 이 시간은 카이로스적으로 이루어지는 귀중한 시간임을 잊어서는 안 된다. 오십 대를 넘기지 못하고 세상을 등진 사랑했던 친구 전 명혜, 그녀를 생각하면 밀물처럼 가슴에 차오르며 더욱 선명해지는 이 가을날의 그리움이 있다.

지금도 기억하는 사람이 있을까? 1940~50년대 은막의 여왕 그레타 가르보. 그녀가 주연한 영화 <춘희> <마타하리> <시바의 여왕>에서 명성을 누리다가 인기 절정의 시기에 홀연히 은막을 떠났다. 그레타 가르보가 떠오르면 가끔 이런 생각을 한다. 그녀는 늙는다는 것에 두려움을 느껴 떠난 것은 아니었을까? 올드팬들의 기억 속에 그녀는 지금도 젊은 모습을 지닌 채 머물러있다.

이탈리아 여배우 안나 마냐니는 이탈리아 여배우로 최초로 오스카상을 받은 연기자다. 그녀는 사진을 찍는 사진사에게 "제 주름살을 제거하지 마세요, 그것을 얻는데 꽤 오랜 세월이 걸렸어요." 하고 말했다고 한다. 주름살 제거 성형이 보편화된 세상에 안나 마냐니처럼 자연스러운 외모와 그녀의 넉넉한 익살을 배워 당당해지고 싶다.

생의 완만한 고비를 넘긴 초로의 나이에도 젊음에 대한 애착을 버리지 않으면 내리막길로 가는 하향선이 위태로울 것 같다. 늙음도, 하느님의 은총임을 받아들이고 이민의 험준한 태산준령을 잘 견디어온 삶에 감사하자. 잔주름 흰 머리카락 한 올도 애정으로 다독이며 당당한 노년으로 도전하는 카이로스적 시간을 살자.

우리네 인생 다람쥐 쳇바퀴 돌 듯 권태로운 일상이다. 권태란 인간을 소모시키고 파괴하는 저열한 또 하나의 열정이다. 가끔 탈 일상, 탈 권태를 저항하기 위해 한 번도 시집을 읽어보지 않았더라도 지금 이 가을날 시집 한 권 사서 시 읽기를 권한다.

가을 저녁 페리오에 나와 앉아 스페인풍의 빠르고 열정적이며 화려한 비제의 '칼멘' 2악장 아를로의 여인을 듣는다. 그리고 커피 향을 즐기며 평온한 가을 속으로 젖어 든다.

초대받지 않은 손님

 오후가 되면 서쪽으로 기운 햇살이 눈부시게 선하다. 거실 창가에 놓인 화분들이 실내의 서늘한 공기와 빛으로 서로 이상한 힘을 받는다. 매일 같이 자라나는 꽃들을 들여다보는 시간이 나에게는 또 하나의 즐거움이다.

 양란, 아이비, 빛깔이 서로 다른 바이올렛 화분들이 창가를 점령하고 나의 잔 손길을 기다린다. 베란다로 내어놓아 바람과 햇볕을 받고 분무기로 물을 뿌려준다. 마시고 남은 녹차를 모아 거름주기, 꽃에 말 걸기, 화분 하나하나마다 알콩달콩한 사연이 있다. 나는 마음이 울적할 때면 화원에 가길 좋아 한다. 그곳에서 내 마음 흠 건히 꽃물들이다가 나를 유혹하는 화분을 들고 온 것, 가정도서실 회원이 이사 가면서 주고 간 것, 친구 집에서 한 뿌리 얻어 온 것, 딸이 생일 선물로 준 것, 시화전 때 선물 받은 것, 달라스 친구 집에서 보랏빛이 고와 몇 잎 꺾어 뿌리 내린 것, 도자기 찻잔의 손잡이가 깨져 버리기 아까워 그곳에 또 한 뿌리 옮긴 것, 등 앙증맞은 화분에 담아 키운 것들이 자라서 눈부신 꽃을 피워낸다.

아기 돌보듯 키우는 보람이 꽃망울을 터트리는 날은 축제다. 나는 시절에 따라 꽃이 피는 날이면 친구들을 불러 꽃구경을 시킨다. 봄날에는 조촐한 봄 밥상을 차린다. 파란 봄, 야채에 싱싱한 문어와 연어를 밥 위에 올리고 초고추장에 내 식으로 회덮밥을 만들어 봄을 먹고, 식후 녹차를 마시며 짧은 봄날 즉흥 사행시를 쓰기도 한다. 성탄이 가까워지는 크리스마스 시즌엔 손가락 선인장이 큰 화분에 빨간 꽃으로 황홀하게 함성을 지르며 피어난다. 그러면 나는 또 내 좋은 사람을 불러 따뜻한 국수를 대접하고 이민 생활의 지친 마음을 내려놓으라 한다. 아파트에 살다 보니 꽃밭이 그리운 내게, 사철 거실의 화분들이 꽃을 피운다. 며칠 전부터 바이올렛 화분이 수상하다. 꽃망울이 송글송글 맺혀서 기다리고 있다.

아! 드디어 오늘 기쁨으로 영근 그 망울들이 너도나도 다투어 피어 나의 시선을 잡아끈다. 어, 그런데 꽃들 사이를 분주하게 오가는 반갑지 않은 손님이 눈에 들어왔다. 그것은 미세하기 그지없는 꽃날파리들이었다.

날파리라고 이름 붙이기에도 민망스러울 정도로 미세한 것들이 화분 주변에 날아다니기 시작했다. 바이올렛 화분이 색깔별로 많아지고 다투어 꽃을 피우자 이놈들이 하나같이 꽃분 주변에서 기생한다. "아주, 이놈들 좀 봐." 한 마리 타살, 아니 지움이라고 할까? 형태도 먼지의 흔적처럼 없다. 나는 금방 후회했다. 생명이 있는 곳에 생명으로 태어난 이놈들의 움직임은 분명 흙의 수분과 햇볕과 꽃향기의 조화로움으로 만들어진 하느님의 순수한 창조물인 것을, 불교에서는 살생을 금하여 모기도 죽이지 않고 물리어 육보시를 한다는데, 이놈들에게도 영혼이 있을까?

나의 시력을 의심하게 하는 미세한 움직임들은 꽃을 찬양하는 오케스트라 같다. 이것은 나에게 또 한 번 하느님의 존재를 느끼게 한다. 미약하고 하잘것없는 이 순하고 작은 천사들을 보고 나는 우주의 무한 신비와 창조의 질서에 경이감을 느낀다. 이 놀라움, 이놈들은 분주하게 지휘자도 없는데 오케스트라를 연주하느라 바쁘다. 이놈들은 형태가 아주 미묘하다. 잘 드러나지도 않는다. 여명이 밝아오는 하늘에서 곧 사라질 희미한 별빛 같기도 하고, 내 눈에 들어왔다가는 금방 사라지고 다시 나타나고 하는 초대 받지 않는 손님들이지만 나의 거실에 온 이놈들에게 약을 뿌리고 싶지 않다.

이 세상 모든 생명 있는 것은 사랑이 있고 이별이 있다. 이놈들의 세계에서는 그 시간이 인간들의 백 년과 같은 시간의 개념일지도 모른다. 하느님 보시기에 인간의 백 년도 하루의 시간과 같을 것이다. 안다고 자만하고 칼끝처럼 자존심의 날을 세우는지, 갑자기 인간이 초라하고 그 초라한 모습이 바로 나 자신이라는 것을 깨닫는다. 세상의 온갖 거대한 힘 있는 것 중에 왜 하필이면 날파리로 태어났는지. 후 불면 부는 대로 날아가는 아무 힘없는 존재이지만 오늘 이 자리에서 나에게 깨우침을 주는 날파리들. 너는 저리도 어여쁜 꽃분 곁에서, 너희들 생애 최고의 아름다운 시간에 나에게로 와서 꽃의 환희로 춤추고 있구나, 나의 아파트에 초대받지 않은 이 불청객이 나에게 던져준 오늘의 화두는 '존재' 그 자체다. 아무리 미미해도 하잘것없는 그 무엇이란 세상에 존재하지 않는다. 가진 것 없고 배운 것 없고 추함도 아름다움도 모두가 인간의 자로 재는 그 사고의 틀을 깨어 부수는 시간이다.

'굼벵이도 기는 재주가 있다.'
굼벵이도 우리에게 가르쳐 주는 것이 있는 암시적인 존재임을 인정한다. 인간의 관념은 수많은 시행착오를 가져온다. 나는 오늘 이 자리에 소혹성(별)에서 온 어린 왕자를 초대하고 싶다. 지구에 와서 처음 만나는 여우와 친구가 되고 다시 허물을 벗어 버리듯이 가장 아름답고 쓸쓸한 풍경처럼 땅 위에 나타났다가 사라진 어린 왕자, 그가 남긴 마지막 말 한마디. "나는 이 몸을 가지고 갈 수 없어, 너무 무거워. 그건 내가 버린 묵은 허물 같은 거야, 그건 슬프지 않아."

꽃분에 몰려든 이 초대받지 않은 손님들의 영혼이 있다면 아마 어린 왕자의 영혼이 아닐까? 보라색 바이올렛 꽃잎 사이로 적막같이 고요히 펼치는 저들의 원무를 바라보며 나도 저들같이 이 지상에서 저렇게 가벼운 존재가 되어 사라지고 싶다.

하루
- 순남 씨 남편은 조각가

누적된 피로가 쌓여서 오늘 아침은 7시경까지 잠이 들었다. 토요일 아침의 느슨함으로 새벽 기온이 내려가, 웅크리고 잔 나의 몸을 푼다. 손을 뻗어 라디오 FM 방송을 켜니 로젠 마젤이 지휘하는 드뷔시의 교향시 '바다'가 흘러나온다. 나는 그만 안개 자욱한 새벽에 선다. 바다가 붉게 타오르는 망망대해가 펼쳐진다. 팀파니와 하프가 엮어내는 신비로운 속삭임에 빠져들어 가는 찰나에 전화벨이 울린다. 환상에서 깨어난다. 메릴랜드에 사는 친구가 첫 시집을 보냈다고 한다. 『나팔꽃』 시집 북리뷰로 아침이 온통 시로 낭자하다.

오전 11시 순남 씨의 집으로 전기 세일즈를 갔다. 킬린에서 함께 살아도 오래 만나지 못했다. 순남이란 이름이 참 예쁘고 소박하다. 이름만큼이나 순박한 사람이다. 그녀의 집에 도착하니 아! 수목원에 들어간 착각이 든다. 나무들이 서로 어울리며 잘 자라 정원을 뒤덮은 모습에, 무성한 가을 숲에 온 느낌이 든다. 반갑게 마주한 순남 씨의 집 안은 또 하나의 신기한 물상들로 가득하다. 나무로 깎아 만든 조각 인형 컬렉션들이다.

"아니 순남 씨 이 나무 인형들의 표정 좀 봐."

"어디서 이리 많이 구했어."

"어머! 너무 재미있고 신기하다." 이 섬세함이라니, 나는 감탄사를 연발했다.

순남 씨 왈 "아유 그 지겨운 것들 다 우리 남편이 깎은 거야."

오늘 나는 이 집에 왜 왔는지 잊어버리고 조각작품에 푹 빠졌다. 하하 호호 낄낄 웃자 웃어, 배꼽이 빠지라 웃자. 인간의 표정을 이리도 다양하고 재미있게 조각을 하다니. 와! 그 솜씨 한번 놀랍다.

웃고, 성내고, 짜증나고, 호기심 가득하고 교활하고, 야비하고, 천진하고, 익살맞고, 호방하고, 핸섬하고, 무뚝뚝하고, 바보 같고, 심각하고, 노래 부르고, 웅변하고, 똥을 싸고, 험상궂고, 간드러지고, 여유 있고, 조바심 나고, 젊고, 늙고, 병들고, 천태만상의 표정들이 놀랍다. 이 모두 미국 사람들 특유의 유머러스한 분위기와 옷과 장식들이다. 그 다양함에 탄복했다는 게 맞다.

나는 왜 이렇게 생겨 먹은 여자인지. 그 앞에서 움직일 수가 없었다. 순남 씨는 커피가 다 식는다며 불러 앉힌다.

"순남 씨 남편 너무 멋진 조각가다."

"먼지 닦기도 지겹고 꼭 귀신 나올 것 같은 저 궁상들이 나의 천덕꾸러기다."

우리 민화의 그림이 제 멋대로 이듯이 저 조각들이 내 혼을 쏙 빼앗아 간 것 같다. 인간의 희로애락과 남녀노소, 생사고락이 다 담겨있다. 입힌 옷도 시대별로 다 그 특성이 있다. 미국적인 사람들의 삶의 질곡이 담긴 작품들에 순도 100%의 만족감을 느낀다.

순남 씨 남편의 예술적 재능이 무궁무진 보화가 숨긴 미개발된 광산 같아 안타깝다. 전기 세일즈 하러 온 것도 잊고 그냥 나올 뻔했다.

다시 오후 5시. 세일즈를 다니다 헐레벌떡 집으로 돌아와서 한숨 쉴 시간도 없이 저녁 한술 뜨고 <킬린 코리안싱어즈> 제5회 정기 연주회에 갈 준비로 바쁘다.

연습하는데 들려서 나 홀로 관객이 되어 박수치고 응원도 하며 연습하는 그들에게 힘을 실어 주기도 했다. 공연이 임박하며 잡채도 해다 주고 야쿠르트도 나눠주기도 했다. 거금으로 물적인 후원은 못 해도 오늘 공연을 위하여 마음의 후원을 아끼지 않았다.

드디어 오늘, 설레는 마음은 가곡과 민요로 한국 음악 일색이란 기대 때문이다. 찬송가도 팝도 아닌 오직 '가을 속으로 떠나는 한국 음악 여행' 멋진 공연이 되리라 믿어 의심치 않는다. 연습실에서 들은 그 기량과 지휘자의 열정은 이번 무대를 업그레이드시키리라.

나는 분단장하고 빨강 낙엽 같은 코트를 걸치고 가을 저녁 음악회에 30분 미리 도착했다. 오랜만에 만나는 친구들과 주변의 사람들도 음악회 공연장에 오기 위한 가을 차림들이 화려하다. 팜플렛을 펼쳐 음악의 향연을 먼저 느낀다.

파트 1. 청산에 살리라, 남성 테너의 힘이 들어간 화음이 웅장한 느낌을 준다. 소프라노가 받쳐주니 청산 깊은 골에 들어선 서늘함에 울컥 가슴이 메었다. 눈, 하얀 공단 드레스는 방금 눈이 사락사락 내리듯 아름다운 화음처럼 곱고 단아했다. 그 외 두 곡, 흠뻑 젖은 코러스와 그리운 것들이 무대 위에 있었다.

파트 2. 한국 가요 상록수와 최 진사댁 셋째 딸, 그 외 두 곡, 최 진사댁 셋째 딸 그 귀에 익은 조영남이 부른 노래와는 감이 확 다르다. 노래를 듣는 외국인 관중들의 표정이 너무나 절정이다. 어쩌면 이렇게 한목소리로 신나게 부르는지 청중의 박수가 쓰나미로 밀려온다. 역시 우리는 음악 한 곡에 취하여 금방 하나가 되었다. 아! 신명이여어어어…

파트 3. 한국 가곡 그리움, 산촌, 고향의 노래 등. 그리움은 이은상 작사 지휘자이신 오종찬이 대학 때 작곡한 곡이다. 고향의 노래(이수인 작곡)는 내가 가장 좋아하는 가곡이다.

국화꽃 져버린 겨울 뜨락에
창 열며 하얗게 무서리 내리고
나래 푸른 기러기는 북녘을 날아간다.

한국의 중년 여성 합창단인 '운경 합창단'이 80년대 중반에 창단되었다. 나운영 선생님 단장에 부인 이운경 지휘로, 45세에서 70세까지의 성악을 전공한, 쟁쟁한 주부 합창단이 불렀던 그때 그 레파토리 중 고향의 노래가 있다. 미주 순회 연주회에 이 곡을 두 번이나 앵콜을 받아 청중을 울렸다고 한다.

파트 4. 한국 무용 시나위, 춤사위는 살풀이와 북춤을 선보였다. 선녀가 하강한 듯 한국 전통춤의 진수를 굽이굽이 풀어낸 춤꾼 박지혜의 독무는 끼와 예술의 반란이었다. 음악회의 한판 춤사위는 오늘의 하이라이트 고명과 양념 같다.

북춤의 상징은 한국인의 영원성으로 도전적인 힘의 맥박을 보여준다. 북소리의 흥을 맘껏 펼치어 그 타악기의 소리는 청중의 환호를 받았다. 우리 민요 농부가와 아리랑, 울산 아가씨, 뱃노래. 킬린 사람들만 듣기에는 너무 가슴 벅차다.

　이 척박한 킬린에서 오늘 이 시간이 오기까지 살아온 이민자의 한이 노래에 실려 날아간다. 울산 아가씨는 재편곡한 곡으로 성악가 조수미의 가냘픈 소프라노로만 들어온 분위기와는 사뭇 느낌이 다르다. 합창으로 곡이 다시 살아난다. 울산 아가씨의 조신한 거동이 생생하게 다가온다.

　뱃노래는 김희조 편곡에 민요의 새로운 우리 가락을 보여주었다. 대표적이고 어려운 곡을 잘 소화하여 그 화음의 색을 색동이라고 표현하고 싶다.

　울산 아가씨의 그 경쾌함에는 어두운 사연이 있다. 1937년에 리면상 씨가 작곡한 곡으로 그는 북한 김일성 음대 학장을 역임한 분이다. 군사정권 시절, 이데올로기에 묶여 이 곡이 금지곡이 될 위험에 처하기도 했다. 울산 아가씨와 뱃노래는 연습과정에서 많은 어려움이 있었다. 그걸 극복한 지휘자 반주자 그리고 단원들 한 분 한 분의 열정이 쾌거를 이루어 내었다. <킬린 코리언 싱어즈>를 한 옥타브 업그레이드시킨 곡이라 하고 싶다.

　특별 출연해주신 어스틴 '샬롬 여성 중창단'의 맑고 깨끗한 음색의 하모니도 좋았다. 소프라노 박상희와 테너 주관균 두 분의 독창이 있었다. 프로의 기량으로 고조된 무대는 서울 예술의 전당으로 착각을 할 정도여서 한국 가곡에 푹 젖은 가을밤이었다. 킬린은 이제 다시 새로운 문화로 한인 이민 역사를 쓰게 됐다.

  가을밤이 깊어가고 시와 조각과 음악으로 행복한 하루였다. 밤, 꿈이 달고 깊다.

책갈피 속에

지난주에 신부님께 『댈러스 문학』 7호를 드렸다. 약간은 부담스러워하시는 것 같아 드리고도 마음이 조금 불편했다. 사목하시기도 바쁜 시간에 투박한 글이 담긴 책을 괜히 드렸나, 신부님과 나와의 사이는 평행이다.

주일미사는 문학회다, 프리마켓이다, 몸과 마음을 주님께 온전히 봉헌할 시간이 부족하다. 곤두박질친 내 인생의 비탈길에서 한 달에 한두 번 주일미사 외에는, 하느님 보시기에 몇 년간 나의 신앙 성적표는 낙점이 아닐 수 없다. 뒤돌아보면 부끄러움이란 천으로 가리고 살아온 날들이었다.

한 주일이 지나고 다시 주일, 미사를 마치고 나오는데 신부님께서 책을 주시며 잘 읽었다고 하셨다. 꾸르실료 모임을 마치고 가방에 무심히 넣은 책을 보니 책갈피에 삐죽이 나온 봉투 하나, 어! 이게 뭐지? 카드 한 장 속에 $50 지폐와 신부님의 익숙한 서체가 눈에 들어왔다.

내가 쓴 글 「흔적」이란 수필을 보시고 구상 시인의 「꽃자리」 시를 인용하셔서 내 삶이 언제나 꽃자리이길 기억하며 살라 하신다.

"품격 있는 취미로 당신의 노년을 아름답게 채색해가는 자매님의 삶이 참 보기 좋습니다. 화이팅! 이교정 요셉."

신부님께서 제게 원고료까지 주시다니, 아하, 주님은 저에게 이런 방법으로 다가오시는구나. 내 생활에만 연연한 이 눈먼 당신의 딸을 이렇게 업그레이드 시키시는구나,

플라블럼(prohlem): 사회나 공동체에 문제를 일으키는 사람.

솔루션(solution): 사회나 공동체에 문제를 해결하고 치우는 사람.

그리고, 낫띵(nothing): 어느 쪽도 아니게 사는 사람.

한 삼 년간 나는 세 번째 속하는 부류로 분류되는 것이 마땅한 사람으로 살아왔다. 아등바등 죽자 살자 살아온 것은 아니지만 허둥지둥 비실비실 그렇게 살아왔다. 가끔은 떨구어 낼 수 없는 사치? 책을 구입하는 데는 돈을 아끼지 않았고, 문학이란 이름으로 쓰잘데 없는 잡문을 쓰는데 시간을 한량없이 소비하고 약간의 양심과 도덕으로 포장된 길을 유유히 걸어가면서 믿는 이의 도리를

다하지는 못했다.

짧막한 촌평으로도 마음의 위로가 넘치는데 과분한 물리적 힘까지 주시다니. 나의 익숙한 가난을 불행하다고 생각해 본 적이 없다. 하지만 주일미사도 빠지면서 일하는 내 모습이 이렇게 상대적일 수가 있구나, 그래, 받는 데 익숙해서는 안 된다.

『사랑을 받아 되돌려 주라』는 김세을 신부님의 저서가 생각난다. 그렇다고 내 생활이 갑자기 솔루션으로 바뀌기에는 아직도 내 삶이 무겁다. 그러나 시간을 쪼개어 주님께 더 남루하지 않은 시간을 드리리라.

신부님 카드의 글과 물질에 이렇게 신명이 나는 내 모습, 주님 보시기에 좋으시지요. 주일 오후가 청량하게 맑은 하늘처럼 내 마음과 몸이 닿을 듯하다. 나이가 들고 들어도 이렇게 철없음이 난감하기까지 하다.

성당을 나와 차를 몰고 겨울 호수로 나갔다. 잎을 떨군 나무들이 앙상한 깊은 속내에 무언가 감춘 듯하다. 그래, 땅속 깊은 곳에서 들려오는 봄, 희망이라는 묵언의 시간이구나.

하루는 신부님께 전화가 걸려왔다. 로마나 자매님과 안나 자매님을 방문하고 싶은데 함께 가자고 하신다. 그 두 분은 운전은 물론 힘들고 연로하신데다 안나 자매님은 병중이시다. 함께 가겠다고 하니 식당에서 소머리국밥을 4인분을 시켜오라고 하신다. 두 분께 점심 대접을 하고 싶다고 하신다. 그날, 나는 음식과 로마나 자매님을 픽업하여 신부님을 모시고 안나 자매님 댁으로 갔다. 미사를 드리고 점심을 먹은 후 신부님을 사제관에 내려드리는데 신부님이 작은 선물을 내민다.

"오늘 제게 사목을 하게 도와주셔서 감사합니다."

작은 사방무늬 천으로 된 고운 찻잔 받침 한 세트였다. 그날의 감동도 되살아난다.

지난여름 가뭄이 심했는데 가을에서 겨울로 들어서는 절기에 비가 내리는 텍사스기후, 비가 온 후 호수에 가득 찬 물이 유난히 깊고 푸른 정기가 감돈다. 찰랑거리는 물결 소리 위로 바람이 지나간다. 나는 오래 빗장을 걸어 두었던 마음속 기도의 방을 가만히 연다.

'주님 당신 홀로 가둬 둔 빈방 이제사 찾아온 저를 그래도 반기시는군요.'

나는 탕자처럼 따스한 아버지의 방에서 쓰러졌다.

"제 삶의 행적을 다 아시는 주님, 제 마음의 나태도 아시니 변명은 하지 않겠습니다."

고요와 은둔의 시간은 나의 외피를 한 겹 한 겹 벗겨 내린다. 호수의 물결이 잔파도를 일으키며 수면 위의 햇살을 튕긴다. 짧은 겨울 해가 한 뼘 남은 시간, 겨울 호수를 깊이 호흡하니 차오르는 이 전율, 이제 혼자가 아닌 주님과 동행하며 유쾌하게 시동을 건다. 오늘 예기치 않은 책갈피에 끼워진 삐죽한 시선에 끌려 주님을 만나게 되었다. 겨울 호수에서 다시 나를 건져 올린다.

미친 존재감

언젠가 임영록 선생님께서 소설에 쓰기 강의를 하셨는데 <소설 그 개뼈다귀 같은 존재에 대해서>라는 제목이 나를 사로잡았다.

강의 중 "미친 존재감"이란 말의 매혹, 오랫동안 미친 존재감에 대하여 생각을 많이 했다. 무엇이 나를 미치게 하는가? 열광, 열정, 자기 부정, 함정, 몰입, 뭐 대단히 비현실적인 것에 대한 배려? 미친 존재감으로 살고 싶다.

그저 무사 안일하고 냉랭한, 그냥그냥 사니까 사는 것 말고 뭐 다른 색깔로, 그게 뭘까? 혼자 있을 때 음악을 최고의 볼륨으로 올려놓고 듣는다. 음향이 별로다, CD 플레이어가 그렇지 뭐. 미친 듯한 드라이브, 혹은 폭주로 뒤틀리고 쓰린 심사를 지칠 때까지 달려봐, 그건 아니지, 안온한 하루하루 '그래 잘 지내고 있어.' 그래서 지금까지 잘 지내고 있는 것 아냐, 그래도 흥, 바보같이 살아온 이민 22년, 이게 뭐니?

"쨍하고 해 뜰 날" 돌아온단다. 믿어도 되겠니? 누구에게 묻는 거니?

한 번쯤은 미치고 싶다. 그날 강의에서 하신 말, "문학은 폼으로 해선 안 된다." 그 말이 머리를 탁! 친다. 미친 존재감으로 문학에 미쳐 봐! 그것도 뭐 아는 게 있어야지, 매일 문법 틀려 이리저리 얼어터지는 주제에, 자신을 냉혹하게 바라봐야 한다.

정말 내가 개뼈다귀 같다는 생각이 든다. 그러고 보니 미친 존재감이 오는 듯하다. 최명희 작가의 『혼불』을 다시 읽고 싶다. 혼을 다해서 끌로 바위를 파듯이 쓴 혼불에 다시 뜨겁게 화상을 입고 싶다. 미치도록 실족한 지난 시간을 미치지 않고 살아온 내가 지금 미치고 싶다. 불씨의 여진이 다 타 재가 되기 전에 불꽃으로 그 아픔을 다시 앓고 싶다.

안온하고 안일한 늪에서 너는 무엇을 할 수 있겠니? 주방에서 토닥토닥 프리마켓에서 잔돈 몇 푼으로 연명하는 그 비린 삶을 극기로 극기의 벼랑 끝으로 내몰아 미친 존재감으로 살고 싶다.

이민 온 지가 오래되어 그 성성했던, 그리움의 색마저 바랜 오늘, 감정의 찌꺼기 같은 글이나 쓰는 내가 개뼈다귀가 아니고 무엇인가? 미친 존재감에 다시 사로잡히자.

내일 지구에 종말이 온다 해도 사과나무를 심는다는 그 말처럼 새 붓으로 새 종이에 혼으로, 살아있는 엄마에게 안부를 쓰고 풋풋

했던 그리움을 다시 깨우자. 이 나이에 활활 타오르는 미친 존재감에 빠져 그렇게 석공처럼 바위를 쪼듯 다시 문학으로 애쓰는 사람이 되어 새롭게 글의 형상을 만들자.

독립기념일

딸의 닷새 휴가 마지막 날이 미국 독립기념일이다. 어제 한 아름 장을 보아 왔다. 오늘 오후에는 바비큐를 한다고 한다. 손녀 가은이와 함께하는 낮 시간대는 주중 공휴일이 최적기다. 주중에 딸은 직장에, 손녀는 데이케어, 할머니인 나는 금 토는 일을 가고 주일은 성당에 간다. 이렇게 함께하는 날은 가물에 콩 나듯 한다.

바람이 분다. 산책하기 좋은 날 아침 시간, 무화과 익은 것을 한 바구니 따서 나누어 담았다.

앞집 독일 할머니, 몇 집 건너 송 씨 형님께도 드렸다. 그리고는 다시 손녀 가은이랑 함께 걸어가서 동네 초입에 사시는 권사님 댁에도 무화과를 전해 주었다. 손녀와 나는 노래하며 동네 한 바퀴 돌고 검은 새 머킹버드가 길가에서 나무로 포르르 날아오르는 흉내도 내고, 하얀 꽃이 매달린 나무를 흔들며 하얗게 꽃잎이 떨어지는 아래에 서서 꽃비가 온다고 까르르 웃음 터트리며 함께 걷는다.

밖에서는 바비큐를 한다고 그릴에 차코로 불을 피워 돼지갈비 닭고기 소시지를 굽고 파스타 샐러드를 만들고 옥수수를 찌고 수박을 썬다. 독립기념일은 미국인이 바비큐를 해 먹으며 이날을 기념하고 여기 사는 우리도 그렇게 한다.

딸은 화장실 문손잡이가 고장 나 동그란 구멍이 나 있는 것을 고친다. 구멍이 뚫어진 상태로 며칠 방치한 것을 지금 고치고 있다. 이게 바로 우리 집 혁명이다. 남자 여자 일이 따로 없다. 그러고 보니 길을 달리다 타이어에 문제가 생겨도 길에서 바꿀 저력이 있어 보인다. 화장실 손잡이가 완성되었다. 손녀 가은이와 나는 "마미 파이팅!" "딸 파이팅!"을 외치며 불편했던 구멍이 사라졌다고 좋아했다.

한가한 오후에는 내 방에서 무슨 일이 일어났을까? 모시 적삼 세 개를 쌀뜨물에 살살 씻어서 풀을 먹이고 손질해 보자기에 싸서 꼭꼭 두 발로 밟았다. 모시 한복을 정갈하게 손질하시던 어머니 역을 지금 내가 하고 있다. 손질하고 풀 먹여 밟고 나니, 아하, 다듬이가 없다. 윤이 자르르한 차가운 다듬잇돌과 반질반질한 방망이 한 질이 없다.

이맘때 우리 집 대청마루에서 모시옷 풀 먹인 것 밟으며 내려다본 한여름 풍경은 이렇다. 채송화가 대문에서부터 하양 빨강 노랑 진분홍색 꽃들로 만발하여 길손을 불러들일 만큼 환하다. 우물가 흰색 보랏빛 도라지꽃이 수줍게 피어있고 사루비아 붉은빛이 타는 듯 여름을 밝힌다. 감나무 푸른 감들은 탱탱하다. 고요해도 적막하지 않고 온갖 속삭임이 가득하다. 유화 그림 한 폭 같은 그 풍경이 가슴에 밀물처럼 다가온다.

다듬이질을 생략하고 잘 밟아 손질한 적삼을 다림질한다. 모시는 풀기로 제 올과 제 결의 고운 자태를 뽐낸다. 모시는 풀을 먹여 다려야만 품격이 살아난다. 다림질 끝나고 선복 회색 바지 위에 모시 적삼을 받쳐 입었다. 거울을 보니 딸이 와서 보고 "엄마 그 옷 멋지다. 잘 어울리네." 한다. 참한 보살 같다. 마음은 보살님을 닮지 않았는데 옷의 날개가 다른 이를 연출한다.

미국 독립기념일에 나는 조선 시대 여자처럼 모시 적삼을 손질하고 『경주 최 부자 집의 300년 부의 비밀』이란 책을 다시 꺼내 보고 있다. 한국인의 뿌리 최 씨 성에 관한 책과 내가 지니고 온 우리집 족보를 꺼내 보는 이상한 하루다. 오늘 나는 미국에 불시착한 한국인 시민권자인 내가 외계인같이 느껴진다. (2016년 7월 4일)

도자기 유감

이거 정말 난감하다. 수필로 남겨야 하는데 나의 치부와 관련된 것이라서 망설이다가 글감으로 놓치기가 싫어서 치부를 무릅쓰고 쓰기로 마음을 바꾸었다.

이민 올 때 학이 그려진 청자 도자기 한 점과 모란 문양의 백자 도자기 한 점을 갖고 왔는데 이제는 두 점 다 흔적 없이 사라져 추억 속에 자리하고 있다. 청자는 도예가 석봉 선생님이 내 결혼 선물로 주신 작품이고 백자는 이민 오기 전 인사동에서 마음에 끌리어 과분한 지출을 하고 들고 온 것이다. 이민 와서 몇 년 안 되어 청자는 깨부수었다. 그 허전함이 오래 남았다. 지금은 청자에 대한 미련도 까맣다. 그리고 참 오래도 간직한 백자를 닦고 만지고 바라보는 정 깊은 세월이 스무 해가 넘었다.

말다툼 끝에 순간 들어서 박살을 내어버리고 문을 밀고 사라지는 남자의 뒷모습에, 마음은 달려가서 등에 주먹 아닌 무엇이라도 날리고 싶은 심정이었다. 옆 사람은 이혼 후 다시 만난 십 년 세월에 수많은 것들(성모상, 청동 여인상, 전화기, 그릇, 시디 플레어, 비디오 플레어)이 깨 부서지고 상처투성이 가구들만 남았다. 그러한 물적 증거보다 마음의 흠집이 더 크다.

깨어진 조각들을 바라보며 이런 생각을 했다. 근본과 지엽, 무거움과 가벼움. 도자기의 근본은 흙이고 지엽은 나와의 관계이다. 무거움은 소유욕의 집착이고 가벼움은 무소유일까? 실체가 사라지고 날카로운 사기 조각이 되어 나를 아프게 한다.

물론 복사판이지만 혜원 신윤복의 미인도 동양화 한 폭을 걸고 그 아래 목기로 된 고가구 위에 백자 항아리를 놓았다. 옛사람의 눈으로 바라보고 옛사람의 마음으로 음미하면서 행복했던 시간들. 비록 작품은 고가의 수작은 아니지만 그 절묘한 조화를 바라보며 가난한 나의 거실이 가끔은 눈부시기도 하고 한정 없이 편안해지기도 했다.

어느 도공이 정성으로 빚은 마음이 내게로 와 닿던 그 시간도 함께 날아갔다. 빈 항아리 가득 고인 그 사무침이 허공을 가로지르고 단숨에 사라져 버렸다. 그 순간 나는 오열했고 쓰라렸고 재산을 갈취당한 것 같아 마음도 심한 파열음을 내었다. 옆 사람과의 냉전은 혹독한 빙하였다.

그 아쉽고 허전한 시간에 사랑하는 친구의 죽음이 떠올랐다. 사람도 정을 남겨두고 떠났는데 도자기 한 점이 뭘 그리 대단하다고. 마음을 접자. 몇 날이 지나고 도자기에 대한 체념이 조금씩 엷어지면서 법정 스님의 무소유 한 구절이 떠올랐다. 아끼는 난 화분을 가까운 지인에게 보내는 그 마음, 무소유의 경지를 어찌 알 수 있을까.

도자기가 놓여있던 자리가 그냥 비어있어 조금 쓸쓸해 보이나 아무것도 놓고 싶지 않다. 텅 빈 채 나의 시선으로 그려 보는 목련 문양의 백자 항아리. 내 마음이 협곡이고 질곡이고 가파른 벼랑인 것을 알았다. 맹렬하게 타올랐던 그 찰나의 화기 찬 마음이 못내 부끄럽다. 도자기에 대한 지독한 집착과 소유욕으로 놓여나지 못한 이것이 나의 실체라는 것을 또 한 번 알게 되어 자책한다.

나는 책과 도자기 그림 그릇 등에 애착이 많은 편이다. 이제 이러한 애착의 고리를 끊고 좀 유유자적으로 살고 싶어진다. 빙하의 냉전도 어느덧 산천경계 허물고 봄을 찾아오듯, 허물어져 찾아온 옆 사람. 그래 팔 하나 자르고 다리 하나 잘라도 하루 이틀 지나면 아무렇지도 않게 지낼 수 있는 저 무심한 옆 사람과 살아가기 위해 나는 무장해야 하나, 무장을 해제해야 하나.

도자기에 대한 일체 묵언, 옆 사람은 그 후 나에게 말은 안 하지만 고분해지고 작은 변화가 느껴졌다. 하지만 나는 그대로 묵묵부답으로 시선을 비켜 갈 것이다. 길 없는 길 위에서 나는 그래도 살아갈 수 있는 나의 무기가 있다. 사랑하는 딸 재린이와 읽어야 할 책들과 그리고 체면이 말이 아니라도 쓸 수밖에 없는 글이 있다.

  인생은 문학소녀들의 감상 같지만은 않은 차가운 빙벽으로 마주서 살아가는 것인 것을. 버리고 떠나기도 쉽지 않은데 살아서 버리기란 더더욱 어려워 이렇게라도 버리는 연습을 시키는 것일까? 한 점의 도자기는 사라져도 다시 평온한 아침이 오는 것이 우리네 삶이 아닐까 한다.

책이 내 손을 기다린다

손녀가 일어나 침대 속에서 쫑알거린다. 그 소리는 나를 자동 스프링이 되게 하는데 오늘 아침은 아니다. 소리를 외면하고 깊숙이 의자에 파묻혀 읽는 책을 놓지 못했다. 책과의 마지막 열애 중이다. 시간에 종속된 노예처럼 하루의 시간과 싸우며 책을 읽어나가는 내 곁에 다른 책들이 쌓여있다.

7월 초에 한국에서 다녀간 손님의 선물 중 『총 균 쇠』『언어의 온도』와 아직도 읽지 못한 김영하의 『검은 꽃』『눈먼 자들의 도시』 등등의 책들이 곁에서 나를 째려본다. 그중 지난주에 도착한 『길 위의 철학자』를 먼저 읽었다, 화선지에 수묵이 스미듯 오늘 아침까지 마지막 장을 읽었다. 완독의 뿌듯함은 지난날 겪은 어떤 것보다 더 값지다. 저 책들이 나의 바람 든 육천 뼈마디에 골수를 채워주길 기다린다. 흐물흐물 잠식당하는 노안, 해도 해도 끝없는 가사노동, 나잇값 하느라 책을 들면 따라오는 설핏한 풋잠은 나의 적이다.

에릭 호퍼(1902~1983)의 『길 위의 떠돌이 철학자의 삶』은 낮은 곳으로 통과하는 위대한 생이 담긴 책이다. 과소비를 부추기는 이 시대, 우리에게 던진 간결한 화두다. 내 생에 이처럼 단호한 빈자의 철학자를 만나보다니. 그는 평생 안주하기를 거부했다. 뉴욕에서 독일계 이민자 가정에서 태어나 다섯 살 때 시력을 잃고 8년 만에 시력을 되찾았다. 그 후 다시 시력을 잃을지도 모른다는 불안감 때문에 독서에 몰입한다. 주린 배를 채우기 위해 결식 들린 자처럼 수학, 물리학, 지리학, 철학, 문학, 다양한 책을 섭력한다. 노동자로서 후회 없이 독학으로 이어진 삶을 거침없이 살아간다. 교육의 가치는 배운 인간이 아니라 배워가는 인간, 항상 현재 진행 중인 인간에 있다는 것이 그의 생각이다. 18세에 아버지마저 사망하고 생업을 위해 로스앤젤레스로 떠난다.

에릭 호프는 도시의 빈민 노동자가 아닌 농장에서 일하는 노동자로 살아간다. 노동시장의 일일 노동자로, 픽업해주며 일당을 받는 단순 육체노동으로 살아간다. 잠은 노동자 합숙소 같은 곳에서 자고 며칠 일을 해서 돈을 벌면 도서관에서 그 돈이 다 없어질 때까지 책에 몰입한다. 어느 날 오렌지 행상에 픽업되어 오렌지를 팔다가 오전에 오렌지를 다 판 것을 계기로 자신이 장사에 재능이 있다는 걸 알게 된다. 며칠 일하고 두둑하게 돈을 받은 그는 물질에 대한 애착은 불행을 낳는다는 생각에 "유혹에 넘어가지 않는 법을 배워야 해"하며 그날로 그 일을 그만둔다. 유혹에의 단호함이여! 편안한 삶, 돈에 얽매이는 삶을 그는 원치 않았다.

"친숙성은 생의 날카로운 날을 무디게 한다."

이 한 줄의 문장은 한방에 나의 정수리를 쳤다. 그가 원하는 삶은 편한 삶이 아니라 불안하고 낯선 삶이다. 가끔 책 속의 이런 문장을 만나면 나는 환호하고 떨린다.

"행복을 찾는 일은 불행의 주된 원인 가운데 하나이다."

물질에 대한 애착은 고통을 낳는다는 생각을 18세 나이에 깨달을 수 있다니. 나는 평생을 살아도 깨달을 수 없는 이 물질에 대한 집착. 이런 책을 만나기 위해서 나는 쓰기보다 읽기를 더 좋아한다.

에릭 호퍼는 혼자 힘으로 독학해서 독일어와 지질학, 식물학, 화학 등 보통 사람으로는 엄두도 못 내는 학문의 집대성을 이룬다. 어느 날 캘리포니아 대학 감귤연구소에서 감귤 백화병에 대한 치료약을 찾아내게 된다. 대학에서 함께 일하자고 제의해도 그 안락함이 주는 보장을 뿌리치고 그는 길 위로 나선다. 그는 어느 날 사전을 뒤지다 정답을 알고 있는 사전을 팽개친다. 누군가 답을 제시해주는 것은 진정한 사상가가 될 수 없다는 생각이었다. 너무 쉽게, 인터넷 검색창을 열면 와르르 쏟아져 나오는 정답들에 익숙한 현실. 그는 사랑도, 안락을 거부하며 자유로운 삶을 살기 위해 그의 연인 헬렌과 헤어진다. 헬렌은 그가 비범한 사람인 걸 안다. 호퍼는 그녀가 나를 원더맨으로 만드는 것을 의무라 생각한다며, 그 일은 별로 의미가 없다고 한 뒤 길을 떠난다. 그가 막노동을 하며 떠도는 생애 속에서 일어나는 사건들을 다 여기에 쓸 수 없기에 이 책을 꼭 권하고 싶다.

에릭 호퍼는 생의 갈림길에서 도스토옙스키, 함순, 라피를뢰프를 만난다. 그들에게서 지성적 통찰과 성서에서 만났던 시들지 않은 경이로운 상상력과 진실을 만난다. 그는 구약 성서를 읽으며 큰 충격을 받았는 데, 그 감정을 급습해 오는 격류의 무방비라 했다. 구약의 역사는 상상의 그 진실이, 맥박이 뛰는 육체와 같다고 했다. 신의 정상에 그가 서 있는 것을 보게 된다. 그는 진실로 열정적인 사람이다. 그는 부두 노동자로 은퇴했다. 일생동안 허름한 노동자 합숙소에서 살았다. 죽기 전 3년간 샌프란시스코 부두 가까운 곳에 아파트를 얻어 살았다. 그는 아파트를 꾸미지 않고, 수도원의 독방처럼 질박하고 방금 이사 온 집같이 하고 살았다. 에릭 호프는 버클리 대학에서 강의를 맡아달라는 노먼 제이콥슨 교수이자 정치철학자의 권유도 받아들이지 않았다. 그러나 그는 한 주에 한

번 캠퍼스에 와서 그와 대화를 원하는 학생들에게 개방된 강의를 했다. 그 강의는 2년 넘게 학부 최고의 강의로 기록되었다. 버클리 대학에서 지금도 호프를 기리는 <호프 릴리 에세이 상>이 운영되고 있다. 레이건 대통령으로부터 <대통령 자유훈장상>을 받았으며 현재 스탠퍼드 대학 후버 연구소에 호프의 친필 원고와 유품이 보관되어있다. 호프는 살아생전 10권의 저서를 남긴다. 나는 무소유의 가능성을 인정하지 않았다. 인간의 삶을 형성하는 데는 무소유가 가능하지 않기 때문이다. 이제 무소유로 살아온 에릭 호퍼의 생애를 만나 무소유의 가능성을 인정한다. 우리 모두 인생이란 길 위에서 에릭 호프를 만나보자. 이 책은 내 속의 많은 것들을 내려놓으라 한다. 그리고 다가오는 가을 속으로 가볍게 걸어 들어가 봐도 좋지 않을까. (2017년 10월)

3부

사람들의 마음을 훈훈하게 데워주는

만찬의 시에 홍조가 걸렸다

순대 파는 왈순아지매
- 시식 코너 1

오늘은 무엇이 나를 기다리나? 주말마다 아이템이 달라진다. 품목도 바뀐다. 하루 전에라도 내일은 무엇을 파는지 알면 좋으련만 알 길이 없다. 그래도 이제는 익숙해져서 그동안 수많은 품목을 시식대 위에 올려 파는 일이 즐겁다. 주말마다 바뀌는 음식들 종류는 만두, 조기, 해물파전, 호떡, 과일, 홍초, 재첩국, 라면, 냉면, 다양한 음식을 시식대에 올려놓으면 지나가던 고객들이 발걸음을 멈추고 다가온다.

오늘은 순대다. 나는 순대를 한 번도 먹어 본 적이 없다. 어린 시절 시장을 지나가다 돼지머리와 순대가 보이면 눈 꼭 감고 코도 막고 그곳을 뛰어 지나갔다. 순대는 시각적으로나 후각적으로 나의 식성을 자극하지 못했다.

결혼해서 서울대 부근 신림동에서 신혼살림을 시작했다. 신림동에서 한 십 년 살았다. 그곳 신림 시장에 순대만 파는 아주 큰 순대 가게들이 있다. 서울대 학생들이 미팅도 그곳에서 한다고 해서 팔십 년대 젊은 학생들의 서민적인 생각에 동조하곤 했다.

새댁인 나에게 순대는 별로 와 닿지 않았다. 피아노학원을 하는 친구는 어찌나 순대를 좋아하는지 곧잘 순대로 나를 놀리기도 했다. 아무리 시도해도 먹지 못한 순대가 지금 내 앞에 쌓여 있다. 잠시 생각하니, 먹어 보지도 않고 맛을 이야기하고 사기를 권한다는 것이 조금 우습고 이치에 맞지 않는다는 생각이 든다.

스팀으로 잘 쪄진 순대를 후추 소금에 찍어 난생처음 시식을 한다. 직업의식과 생활이라는 이 현실을 생각하고 즐거운 마음으로 입안으로 밀어 넣는 순간, 아! 뭐라고 형용할 수 없는 검은 슬픔을 꿀꺽 삼킨다. 다시 시도해 본다. 오늘은 순대를 홍보하기 위해 순대의 맛을 꼭 느껴야 한다. '사람이 먹는 음식인데 왜 나라고 못 먹어' 이 시험을 통과하지 않고서는 오늘은 없다. 다시 한 입 먹어 본다. 혀끝에 느껴지는 정체불명의 맛이 감지된다. '그래 이 맛이구나.'

고국에서는 충청도 병천 아우내장터 순대와 함경도 아바이순대가 유명하다. 아우내장터에서 유관순이 피맺힌 절규로 독립 만세를 부르다 간 그 통한을 밀어 넣는다. 함경도 아바이들이 그 모진 추위와 가난의 허기를 돼지 창자 속에 버무려 넣고 허기를 달랜 순대. 순수한 서민의 음식을 '그래 넘기자 넘겨' 목울대로 넘어가는 순대가 다시 아린 슬픔의 맛으로 잡혀 온다. 뜨거운 순대를 칼로 써니 속이 꽉 찬 순대가 터져 나온다. 나는 울상이 되어 터진 순대 앞에서 망연해진다. 시장에서 순대 파는 아주머니들이 쓱쓱 썰어 한 접시 담는 그 재빠른 칼 솜씨를 알고 싶다. 순대는 조금 식혀서 썰어야 한다고 누군가 귀띔해준다.

순대에 대한 반응은 극과 극이다. 나처럼 한 번도 먹어 보지 못한 사람의 냉담과 외국인들의 혐오스러운 반응, 반대로 순대에 광적으로 좋아하는 순대 마니아도 있다. 아무리 폼 나게 썰어도 품위가 없고 고급스럽지 못해서 상차림에서 소외되는 순대. 그래서 순대는 시장 바닥 노점에서 먹는 것이 제격이다. 순대에 대하여 생각해 본다. 그저 "순대 시식해 보세요."가 아닌 고객의 마음을 잡을 수 있고 발길 멈추게 하는 멘트는 무얼까?

"할머니의 옛날이야기가 소복소복 들어있는 속이 꽉 찬 순대."

"등이 휜 엄마의 사랑으로 만들어진 눈물 같은 순대."

"시장 좌판에 땀 흘리는 노동자에게 한 줌 더 썰어 얹어 주는 순대."

앞치마 두른 아줌마의 푸짐하고 넉넉한 선심. "자, 순대 드시고 가세요, 순대." 오늘은 북적거리는 시장에서 좌판을 연 순대 아줌마가 된다.

고객층이 너무 다양하다. 사오십 대부터 이십 대의 젊은 층까지 순대를 즐기는 사람은 의외로 많았다. 간혹 순대 마니아도 있었고 인천에서 아버지가 순대 공장을 한다는 그녀는 아버지가 그리워서 순대를 맛보고 몇 봉지 담는다. 어머니가 순대를 좋아해서. 한국에서 순대를 먹었다는 백인 아저씨. 순대를 좋아하는 연인도 있다. 순대를 사 가고 순대 이야기로 달구어지는 주말 오후, 남미 쪽 사람들도 이와 비슷한 자기 나라 음식이 있다고 간혹 시식하며 사 가기도 한다. 이민을 일찍 와서 순대를 한 번도 못 먹어 본 사람도 시식한 후에 보기보다 맛이 있다며 시식 대 앞에서 한참을 서 있다가 하는 말.

"아줌마 너무 재미있게 순대를 사게 하네요."

"순대 속에 할머니 이야기가 소복소복, 너무 재밌어요."

"처음 들어 보는 순대 이야기."

"순대는 우렁차고 쇳소리가 나는 아줌마들이 억척으로 파는데, 너무 문학적입니다."

"아이구! 제가 순대를 너무 잘 몰라서 그렇습니다."

"그 말이 더 멋진 문학적 표현입니다."

젊은 부부는 스카이와잇 병원 인턴으로 공부한다. 2년 동안 너무 외롭고 말할 친구도 없어서 템플에서 간혹 '오 마트' 시장 오는 것이 즐겁다고 토요일에 꼭 와서 만나고 싶다고 한다.

시식 코너에서 사람도 만나고 상품도 판매하며 인정을 쌓기도 하지만 토속적인 한국의 정서가 담긴 음식을 판매할 때에는 가슴 찡한 사연들도 많다. 우리는 더불어 사는 한국인, 아무리 시민권자로 오래 이곳에 살아도 맛으로 하나 되는 이민자들의 식성, 그것은 바로 고향의 어머니다. 시식 코너에서 판매하는 물건은 세일 가격이라 주부들은 좋아한다. 그냥 스쳐 지나칠 수 없는 이곳에서 내가 일할 수 있음이 즐겁다. 세상에는 결코 못 먹을 음식도 못 하는 일도 없다. 모든 경계를 허물며 살아가는 것을 책에서만 아니라 실제 이 현실에서 배우게 돼서 나는 이 일이 좋다.

수북이 쌓인 순대 박스가 줄어들었다. 모든 시식과 판매 중심의 아이콘은 역시 사람이다. 따뜻한 마음으로 한국 정서를 끌어내는 사람들과의 만남이 이루어지는 곳이다. 한 번도 만난 적 없는 시장 좌판의 순대를 팔던 아줌마들, 그들은 시장에서 꿋꿋이 궂은 일을 하면서도 웃음을 잃지 않고 자녀 대학 보내고 한 가정 경제에 큰 역을 담당해 온 어머니들이다. 그들이 내몰린 가파른 삶을 생각하며 그들을 무심히 지나쳐 온 젊은 날 나의 오만이 부끄러워진다. 그들의 질박한 삶을 응시하게 하고 왈순아지매 같은 순대 아줌마의 배역을 열연한 이 하루는 내 인생의 새로운 시간을 통과했다. 쌓여있던 박스가 줄고 고객들의 발길이 뜸한 시간이 되자 잔잔한 피로가 밀려온다. 오늘 하루도 나의 삶은 그들과 함께 함빡 웃음꽃으로 피었다 진다.

팔도먹거리 장터
- 시식 코너 2

나는 금, 토요일 이틀을 오 마트에서 일한다. 오 마트는 한국 식품들이 주종을 이루고 아시안 각 나라 식품들도 헤아릴 수 없이 다양하다. 내 이웃에는 1960~70년대에 온 이민자들이 많이 거주하고 있다. 그들은 먹거리가 한이 되었는지 냉장고 두세 개에 한국 음식들을 빽빽이 채워 놓고 산다. 그들에게 된장 고추장은 기본이며 더구나 김치가 없는 식탁은 상상하기 어렵다.

오 마트에 특별 이벤트가 열렸다. 고국 팔도먹거리 장터가 활기를 띠고 있다는 입소문으로 사람이 몰려왔다. 나는 평소 일하는 마트에서 고객들에게 인기가 있다는 이유로 팔도 장터의 판매사원으로 추천을 받았다. 장터는 닷새 동안 이루어졌다. 북적거리는 사람들 사이로 일을 하면서 나는 뭔가 알 수 없는 신명으로 가득 차 있었다. 가만히 생각해 보면 들뜬 고객들의 마음에 어머니와 고향에 대한 목마름이 가득했기 때문일 것이다.

음식의 맛으로 말을 하자면 한국인들은 단연 전라도를 먼저 꼽는다. 빛깔에서부터 맛이 느껴지는 전라도 음식은 마치 먹거리 장터의 주인공이 된 듯했다. 완도 미역, 다시마, 김 건어물과 각종 젓갈류, 여수 돌산 갓 김치를 비롯해 남녘의 음식들은 고국을 그리워하는 숱한 이들의 발걸음을 멈추게 한다.

옛날 조선 후기 허소치라는 화가가 맛나게 먹었다는(이건 내 말이다) 완도 미역에 특히 사람들이 몰렸는데 거기에는 남도의 파도가 춤을 추고 있었기 때문이다.

고려 말의 충신들이 칩거하며 먹었다던 오대산 산나물, 정선아리랑 한 자락이 나도 모르게 터져 나온다. 춘궁기에 먹었던 곰삭은 묵은지 김치도 날개를 달았다. 사람들은 탐스러운 음식을 맛보고 혀에 쩍쩍 달라붙는 팔도의 음식에서 모국의 해풍과 푸른 하늘을 마셨다. 그네들에게 내가 판 것은 음식이 아니라 그리움이었다.

"아 이것이 곰골 짠지네, 우리 할머니가 만들어 주신!" 경북 상주가 고향이라는 60대 중년의 남자가 무말랭이가 곰골 짠지라는 토속어를 썼다. 나는 무오그락지라는 경상도 말 외에 지방색이 뚜렷한 이 오묘한 토박이 '곰골 짠지'를 메모했다. 시식하라고 진열한 된장 깻잎을 입으로 가져가며 하시는 말, "이 맛이 바로 옛날 우리 할머니 맛이네 그려……."

숱한 음식이 팔려나갈 때마다 나는 그네들의 마음을 읽었다. 그것은 내 마음이기도 했다. 그리움으로 얼룩진 그들의 어머니가 바로 내 어머니였다. 그때 그 가난했던 시절 장에서 들었다 놓았다 하며 흥정하던 모습이 주마등처럼 떠올랐다.

'어머니 보세요? 보다시피 장바구니가 넘치도록 사도 주머니가 바닥나지 않아요. 이젠 이렇게 푸짐하게 사도 어머니처럼 간이 좀 아들지도 않아요.'

두레상에 모여 앉은 장날 저녁 잔 갈치조림으로 비린내 진동하던 그 저녁상, 서로 먹으려 다투던 우리들의 모습을 바라보시며 슬며시 수저를 놓으시던 어머니……. 나는 장터에서 떠나온 고향의 그리움과 함께 풍요로운 식탁을 연출할 수 있는 나만의 방법을 귀띔해주었다.

열일곱에 한국을 떠나 왔다는 그녀, 나를 엄마라 부르며 내 작은 품에 와락 안기었던 그녀는 마흔의 나이에 화미였다. 그녀는 혼자 먹을 것을 바구니에 가득 담으며 내게 속을 털어놓았다.

"혹시 전라도 장흥 아세요? 거기가 제 고향이에요. 저는요, 엄마가 그리울 때마다 가족 몰래 밖으로 나가 김치를 먹어요."

　나는 그녀에게서 전해오는 진한 외로움을 푸근히 안아주었다. 고향을 떠나 낯선 땅에서 받았던 상처가 아물기를 기도했다. 그렇게 장터는 파시가 되어 갔다.

　입맛은 첨단의 시대에도 그 첨단을 따라가지 않는다. 입맛은 어미의 탯줄에서 분리되지 않는다. 입맛은 제가 태어난 고향을 절대로 잊지 못한다. 팔도먹거리 장터가 열리는 그 닷새는 내게 고향에 대한 진한 그리움이 음식문화에 다 녹아있다는 것을 새삼 느끼게 한 시간이었다.

　광복 67주년이 다가온다. 근 현대사의 정치 사회 문화적 격변이 지구의 자전과 공전을 光속도로 몰아간다. 해방과 6·25 전후의 그 피폐함과 가난은 아동 문학가인 권정생 선생의 동화 『몽실이』에만 남아있는 것일까?

　이제는 다 함께 살아냈던 시절에서 그 절대적 빈곤을 벗어났다. 하지만 상대적 빈곤으로, 의식주의 문제를 떠나 다른 차원의 생존을 위협하는 시대로 돌입한 느낌이다. 이러한 시대적 변혁 중에 인간의 먹거리 발전은 실로 놀랍도록 변천하여 인간을 위협하기까지 한다. 대량 생산, 대량 소비에 결박된 식량 시스템이 우리의 밥상을 위협한다.

광우병, 구제역, 조류독감, 정크푸드, 비만, 대형마트 등 오늘날 먹거리를 둘러싼 수많은 논쟁들이 톱뉴스로 보도될 때마다 가난이 보약이란 말이 절로 생각나게 한다. 가난했던 시절에 우리가 먹었던 음식들이 바로 이 시대에는 청정한 건강 음식이라니…….

팔도먹거리 장터에는 고국에서처럼 흰 무명의 두루마기 자락을 펄럭이는 남정네는 없었다. 그러나 내 눈에 그곳은 사돈을 만나 안부를 전하고 막걸리에 술국을 들이켜는 사람 냄새 나는 미국 속의 화개장터였다. 또 그곳은 내 유년시절의 흰 차일 펄럭이던 시끌벅적한 장터였다.

오일장이 끝나는 날 장터를 기획한 선두 엄마 아빠가 내게 두둑한 보너스 봉투를 내밀었다. 내 나이 예순다섯, 나는 몸의 한계를 느끼지 않은 건강함에 감사했다. 이번 장터에서는 그리움을 팔았다.

입양
- 시식 코너 3

오늘은 특별한 손님이 찾아온 날이다. 내가 일하고 있는 시식 코너 앞으로 한 아가씨가 다가왔다. 어디서 본 듯한 얼굴이었다. 생각이 난다. 그때 그 아이였다. '이름이 뭐였더라?' 기억을 더듬어 보았다.

'아, 그래. 캐슬린!' 다행히 아직은 머리가 녹슬진 않은 것 같다. 우리는 반가운 해후를 했다. 캐슬린도 내 얼굴이 기억나는지 미소를 지으며 눈물을 글썽거렸다.

인터넷에서 배웠다며 한국말을 제법 잘 구사했다. 지금은 조지타운 대학교를 졸업하고 뉴욕에서 인턴 생활을 하고 있는데 교통사고로 입원 중인 엄마를 모셔 가기 위해 킬린에 왔다고 했다. 우린 헤어졌던 가족이라도 만난 듯 부둥켜안고 그간의 안부를 물으며 반가워했다. 내 자식은 아니지만 그 아이가 잘 자라 어엿한 사회인이 된 것이 너무나 대견하고 고마웠다.

그 아이를 처음 만난 건 내가 중고가구점 겸 엔틱샾을 운영하던 십여 년 전 가을이었다. 어느 날, 사십 대 후반의 백인 여자가 십 대로 보이는 동양 여자아이를 데리고 가게 안으로 들어왔다. 아이는 가게 안에 진열된 물건들을 이것저것 구경하다가는 힐끔힐끔 나를 쳐다보았다. 그 백인 여자는 내게 인사를 건네며 한국에서 딸을 입양해 왔노라고 했다. 그 후로 가끔 우리 가게에 들러 한국적인 소품들을 쇼핑해 가곤 했다. 그때마다 나는 그 물건에 대해 짧은 영어로 설명을 해주었다. 아이는 언제나 밝았다. 그늘이라고는 찾아볼 수가 없었다. 같은 한국 사람이어서 그랬는지 그 아이는 나를 무척 따랐다. 내가 가게를 그만둔 후에도 오랫동안 내 기억 속에 남아있었고 지역에서 입양아들을 위한 행사가 열릴 때마다 생각이 나곤 했다.

"엄마가 저를 잘 키워주셨으니 이제는 자기가 엄마를 잘 모실 차례"라며 영어와 한국어를 섞어 말하는 것을 보니 캐슬린은 역시 효와 도리를 아는 동방예의지국의 딸이 틀림없었다. 내 자식 키우는 것도 힘들 때가 많은데 하물며 피 한 방울 안 섞인 아이를 데려다 키운다는 것이 어디 말처럼 쉬웠겠는가! 진자리 마른자리 갈아주고, 먹이고, 입히고, 공부시켜서 어엿한 아가씨로 키웠다는 것만으로도 그 부모님이 대단하단 생각이 들었다. 캐슬린에게 그분은 양모가 아니라 엄마였다.

　인터넷에서 '베이비박스'에 대해 읽은 적이 있다. 베이비박스는 종교단체나 민간이 설치한 것으로, "미혼모가 낳은 아기나 장애로 태어난 아기를 유기하거나 버리지 말고 여기에 넣어 주세요."라는 문구가 붙어있단다. 통계에 의하면 작년 한 해 동안 그곳에 버려진 아이가 208명이라는 기사를 읽었다. 한국인만큼 핏줄에 연연하는 민족도 드물다고 생각했던 내 믿음이 흔들리는 것 같았다.
　아기를 버리는 사람의 대부분은 철없을 때 저지른 실수로 아기를 낳았으나 기를 능력이 없어 양육을 포기한 경우이거나 장애아가 대부분인데, 여기에 맡겨진 아이들은 서울시 양육시설로 보내진다. 물론 남모를 사정이 있겠지만 아기에게는 비정하고 무책임한 엄마일 수밖에 없을 것이다. 좋은 양부모를 만나 잘되는 캐슬린 같은 경우도 있지만 그렇지 못할 수도 있을 것이다. 이 기사를 보고 마음이 안쓰럽고 씁쓸했다. 다른 것도 아니고 아기 수출국이라는 불명예 딱지는 떼어야 하지 않을까 한다.

　나와 잘 알고 지내는 권사님은 부산의 수녀원에서 정상아보다 지능이 떨어지는 아기를 입양해 기르셨다. 남편이 버는 수입만으로도 충분히 생활이 되는데도 불구하고 그분은 집에서 열심히 홈

쏘잉을 하셨다. "왜 그리 일을 많이 하세요?" 하니 "우리 부부가 죽고 나면 제니 혼자 남게 될 텐데 재산이라도 물려주어야지." 제니는 30이 넘은 지금까지도 부모님과 함께 살고 있다. 권사님은 내 품에 안기면 내 자식 되는 거라 하셨다. 예쁘고 건강한 아이들은 좋은 부모를 만날 확률이 높지만, 제니처럼 정신적 혹은 육체적 장애를 갖고 태어나는 아이들은 그렇지 못하기 때문에 제니를 입양했노라고. 그분을 보면 사랑이 위대하다는 것을 느끼게 된다.

또 다른 지인은 남자아이를 입양하여 남부럽지 않게 정성으로 키워 짝을 지어 주었다. 그 아들은 덴버에서 좋은 가정을 꾸미고 직장에 다니고 있다. 지난 추수감사절에 아들 내외가 다니러 왔는데 기분이 좋으셨는지 아들 가족 자랑이 늘어지셨다. 손주와 하룻밤을 자고 나더니 며느리가 어떤 좋은 선물을 해준대도 마다하고 손주와 하룻밤을 더 자는 것이 큰 선물이라 하셨단다. 그분에게 한국인의 혈통주의는 중요치 않았다. 그런 분들을 보면 나도 모르게 그 큰 사랑에 고개가 숙여진다.

미국 사람들은 자기 자식이 있음에도 불구하고 입양을 하는 가정이 많다. 부모가 버린 외국 아이들을 입양해 키우는 것을 보면서 자식은 꼭 내 배 아파 낳은 자식만 자식이 아니라는 생각이 들었다. 그것도 장애를 지닌 아이의 경우면 더 그렇다. 어쩌면 그것이 미국이라는 나라의 힘이 아닐까 싶다.

사랑은 머리로 하는 것이 아니라 가슴으로 한다는 말이 와 닿는다. 입양을 하겠다는 것은 이미 태산을 옮긴 마음일 것이다. 아무쪼록 캐슬린 어머니의 건강이 어서 회복되어서 남은 생을 딸과 함께 행복하게 살았으면 하는 바람이다. 좋은 양부모님을 만나 가정이라는 좋은 옥토에서 인성이 바른 아이로 자란 캐슬린을 만나게 되어 반가운 하루였다. 캐슬린 어머니의 빠른 회복을 빈다. 어디선가 마음이 추운 아이들에게 따뜻한 봄이 되어 줄 수 있는 좋은 엄마들이 많이 생겼으면 하고 입양아와 그 부모들을 위하여 기도하며 캐슬린의 행운을 빈다.

시가 있는 풍경
- 시식 코너 4

땡스기빙 다음 주말 시식 코너는 한산하기만 하다. 오늘 세일 품목은 육칼 라면이다.

"이런 뭔 육칼인가? 아하 그렇구나, 육개장 칼국수, 히히 원 참 세상에."

점점 제품의 이름이 강하게 소비자에게 다가가는 세상, 테이블을 세팅하면서 쌓아둔 물품 박스 앞에 복사해간 시 한 편을 붙였다.

만찬 / 함민복

혼자 사는 게 안쓰럽다고
반찬이 강을 건너왔네
당신 마음이 그릇되어

햇살처럼 강을 건너왔네

김치보다 먼저 익은

당신 마음

한 상

마음이 마음을 먹는 저녁

궁서체, 활자 크기 24로 인쇄된 시 한 편. 시가 겁 없이 생소한 장터로 나왔다. 땡스기빙 만찬으로 포만감이 넘치는 사람들과 모르쇠로 외면하고 지나는 발길. 육칼은 강력한 입맛을 자극하여 존재감을 알리고 시는 그들의 만찬 앞에 고개를 떨구고 있다.

갓 끓인 육칼 그 시뻘건 라면 한 개를 끓여 놓는 순간, 만찬에 초대받은 손님처럼 맛있게 드시는 손님들. 배가 고프다면 달려오는 손님에게 작은 컵이지만 가득 담아드리고 두 번을 청하는 그녀의 흡족해하는 모습에 만찬을 차려 준 것 같은 착각이 든다.

두 모녀가 와서 궈커니 자커니 하는 모습을 물끄러미 쳐다보며 시는 나에게 외롭다고 투정한다. 멕시칸 여인이 또 와서 함께 어울리고 먹고 먹는 이 만찬. 얼씨구, 그러다 보니 한번 끓인 라면 냄비가 비워졌다. 한 사람도 구매는 하지 않는다. 시식은 곧 판매로 이어져야 하는데 고개 숙여 감사하다고 꾸벅 인사, 이럴 때면 속으로 울고 싶다.

오후 늦은 시간 그녀는 라면 한 봉지를 담고 시에 눈길을 준다. 파르르 시가 떨리는 것을 나는 감지한다. 아마 첫사랑이 그런 것 아닐까?

"아줌마 이 시가 참 좋네요. 어렵지도 않고 마음에 끌리며 눈물이 나려고 하네요. 한국에 제 아버지가 그 밥상을 받고 계실 것 같아서요."

하루 중 이 순간이 나에게 대어를 낚는 순간이다. 기쁘다. 촉촉한 물기의 서정을 담아 가는 그녀의 뒷모습이 아롱지다. 다시 또 한 사람의 시를 두세 번 깊이 읽는다.

"사람이 이리 낮아지기가 싫지 않은데 김치 한 보시기가 만찬이라니."

연애편지라면서 복사해 온 시 한 편을 그녀에게 건넨다. 노을처럼 붉어지는 그녀의 행복해하는 뒷모습에 내 마음도 함께 붉어 온다. 그녀는 라면보다 시가 먼저였다. 나는 라면을 파는지 시를 파는지 모를 환희에 젖었다.

만찬의 시는 그렇게 장바닥 왈패가 아닌 시심이 파릇한 아줌마들의 장바구니에 담겨 갔다. 오늘 하루도 시가 있는 시식 코너 풍경에 내가 그림 속 여인이 된다. 스산한 초겨울, 사람들의 마음을 훈훈하게 데워주는 만찬의 시에 홍조가 걸렸다.

Eat
- 시식 코너 5

존재는 먹는다는 일차원적인 것을 떠나서 생각할 수 없다. 시식 코너는 먹거리 제품으로 음식을 만들어 고객들에게 시식을 권하고 그 제품을 설명하여 판매로 이어지기도 하지만 오 마트에서 즐거운 쇼핑을 하시게 하는 일이 먼저다.

이 나이에 파트타임의 일일지라도 대단한 자부심을 느끼게 한다. 간혹 마음을 상하게 하는 일들도 있지만 그런 일은 마음을 수행할 기회로 생각하기도 한다. 벌써 이 일을 시작한 것이 칠 년을 넘기고 있다. 그러다 보니 킬린이라는 작은 도시에서 이제 모르는 사람이 없을 정도로 많은 사람을 만나게 되었다. 간혹 주중에 다른 곳에서도 만나면 다들 반가운 인사를 나눌 정도가 됐으니 말이다.

나는 나의 일자리가 세상과의 연결고리가 되고, 무언가 색다른 것을 일구어 보겠다는 열정을 가지고 일을 한다. 마트는 어느 특정

연령층만 오는 곳이 아니고 아기부터 연로하신 분들까지 정말 다양한 사람들이 모이는 곳이다. 한국 마트다 보니 주 고객은 한인과 아시안들이지만 다양한 인종의 사람들도 함께 이용한다. 그러니 자연 상품들도 다양하고, 한 번도 본 적이 없는 남국의 야채나 과일들도 이제 익숙해졌다.

이곳은 가끔 한국을 홍보하는 멋진 장이 되기도 한다. 간장, 고추장, 김, 만두, 김치는 외국인들에게도 인기 있는 상품이다. 특히 라면과 그 외 다양한 한국 토속먹거리들이다. 한국 전통차(茶)가 시식대에 오르면, 나는 한복을 입고 내 소유의 다기를 가지고 나와 멋진 다도를 선보이기도 한다.

이곳에서 일하다 보면 참으로 다양한 사람들의 모습을 본다. '음식 앞에 군자 없다'라는 말이 생각나기도 하고, 참사람다운 사람과도 만나게 되며 기쁨이 배가 되기도 한다. 인간의 본질을 경험하면서 애정과 실소를 참아내기도 한다. 상품을 고를 때 그 상품에 대한 최소한의 예의라면 '무슨 놈의 예의'라 하실지. 상한 것이 아닌 이상 크기는 다 거기서 거길 텐데 좀 덜 먹으면 어떤가? 생산자들의 수고와 땀이 오직 돈으로만 환산이 되는 과정을 지켜본다. 그동안 나의 구매법도 저러했으리라고 냉정하게 나 자신에게도 화살을 돌려보곤 한다.

배가 제철인 지금, 연말 선물로 사람들은 배 상자를 수없이 열어보고 큰 것과 작은 것을 바꿔치기하는 일도 비일비재하다. 더 많이, 더 좋은 것, 나만은, 나 한 사람, 내 가족만은 특별하다는 생각이 가득하다. 모두가 최상급에 목을 매달고 염치없는 짓도 서슴지 않는다. 보지 말아야 하는데 보이는 이 현상들이 그저 슬프기만 하다. 우리는 지금 다들 잘살고 있지 않은가.

지난주에는 생생 라면을 시식대에 올렸다. 마침 날씨마저 추워 사람들이 비록 작지만 따끈한 국물로 마음을 데우고 간 날의 일이다. 대여섯 살 되는 아이가 지나가다 앞에 멈춰 서서 달라고 해서 라면을 주니 맛있게 먹었다. 한 개로는 양에 차지 않은지 뭔가 미진한 표정을 짓기에 하나 더 주니 달게 먹고 결국 네 개를 비웠다. 이윽고 다섯 개를 집을 때 한 마디 한 것이 그만 불씨가 되었다.

"아가, 이제 그만 먹어, 너무 많이 먹으면 배탈 나."

그러자 녀석은 그만 엄마에게 달려가 울음을 터트렸다.

"아니 아이가 먹겠다는데 그걸 더 안 줘? 이거 얼마야! 사면 될 것 아냐!"

그 애 엄만 다짜고짜로 반말을 퍼부으며 내게 대들었다. 순간 나는 '아차' 하면서도 하지 말아야 할 말을 했다.

"어머니, 아무리 시식이지만 아이가 네 번 먹고 더 먹으려고 했어요. 이곳에서는 한두 번 맛보는 것이란 걸 알았으면 해서요."

말이란 참 허망하다. 찬물을 끼얹듯이 나에게 부메랑이 되어 오는 화살.

"아줌마가 뭔데 그까짓 라면 가지고, 우리 아이 교육은 내가 시켜요. 그까짓 것 사면 되지!" 삿대질을 하더니 사지는 않고 아이의 손을 잡고 횡하니 찬바람을 일으키며 사라진다. 고객과의 다툼은 나의 금기다. "죄송합니다." 아이의 손을 잡고 가는 그녀의 뒤에다 대고 나는 고개를 숙인다.

세상은 많이 달라져 있다. 동네 어른들이 아이에게 훈계하던 시절이 아니다. 자녀를 하나둘 둔 부모들은 자식을 귀하기만 키운다. 다양한 인종만큼이나 다양하게 살아가는 사람들을 인정하자. '뭐 그리 대단한 일이라고. 나에게 반말 좀 하면 내가 어디 아프냐.' '괜찮아, 괜찮고말고.'

그래 내가 문학을 한 지 오랜 세월이 지났지. 문학은 내게 인간이 어떻게 극복하고 어떻게 살아가야 하는지를 가르쳐 주었지. 문학은 삶의 용기를, 사랑을, 인간답게 살아가는 법을 가르쳐주기도 하였지. 오늘은 작은 돌부리에 걸려 조금 휘청했을 뿐이다. 사람을 만나고 음식을 권하고 상품을 팔아도 나의 근본은 사람을 사랑하며 함께 사는 것이다. 그래서 나는 이 일이 즐겁다. 오늘도 무시로 보낸 시식 코너의 하루였다.

놋그릇 설화

그들은 본래의 모습을 오래 잊어버리고 낯선 땅에서 방치되었다. 그들은 시퍼런 남루로 제 몸을 감싸고 웅크린 채 서로 기대어 오래 침묵하였다. 그들은 반세기 전만 해도 어느 고명한 양갓집 주인 밥상 위에 군림했었다.

그 이름 유명한 안성 방짜유기 놋그릇, 나는 이 병든 식구들을 모셔왔다. 놋그릇을 보는 순간 나는 내 어머니의 귀한 가보 같은 살림 제1호가 떠올랐다. 와! 이게 웬 대박인가? 퍼렇게 녹을 뒤집어쓴 놋그릇들을 천덕꾸러기 치우듯 얻어왔다. 바쁜 세상에 놋그릇 간수하기가 어디 쉬운 일인가? 그들을 안고 집까지 오면서 그들과 나눈 이야기들은 이랬다.

'잘 왔다. 본래 귀족인 너희들이 누더기 입고 홀대받은 세월을 잘 참아냈구나. 가난한 우리 집에 가자, 너희들의 옛 정기를 회복해 줄게. 품위를 지키게 낡은 옷을 벗고 빛나는 본래의 모습으로

돌아가게 할게. 이곳은 미국이지만 우리 집에 가면 너의 고향 집에 돌아온 느낌이 들 거야.'

  나는 문화재 도굴이나 한 듯, 어머니의 유해인 듯 놋그릇을 모셔왔다.

  요즘 들어 무리하게 사용한 손이 놋그릇을 닦기에는 마음이 쉬 허락하지 않는다. 시퍼런 녹을 뒤집어쓰고 있는 저것들을 하나하나 녹을 벗겨야 할 텐데.

  유기제품을 엔틱 가게에서 본 것이 기억나 인터넷 검색창에서 찾아보았다. 어느 한 곳에서 BRASSO라는 놋그릇 닦는 제품을 발견하자 나는 월마트로 달려갔다. 오늘은 보기에도 꼴사나운 너희들의 옷을 벗기고 유난히도 온화했던 날들을 회복시켜주마. 푸른 녹을 닦는다.

  빛바랜 그릇들이 본래의 자기 성정을 조금씩 드러낸다. 잘 닦아 환해지는 아름다운 유기의 광채가 나기까지 내 손목이 아리도록 닦았다. 단련된 놋쇠의 구릿빛 찬연함, 이 소박한 기쁨에 옛 기억 하나가 점화된다.

  저문 날 오소소 비를 맞고 들어선 나에게 어머니는 이불 속 놋주발에 담긴 밥을 꺼내 상을 차려 주셨다. 놋주발 뚜껑 위에 손이 닿으면 온몸에 전해지는 어머니의 손길 같은 그 따뜻함. 그 저녁밥

한 그릇이 울컥 그립다.

    내 유년, 명절이 다가오는 어느 날의 풍경이 흑백영화를 보듯 영상으로 떠오른다. 가을 햇살이 유난히 좋은 날, 어머니는 추석이 다가올 무렵 기왓장을 구해 와서 바수어 고운 가루를 만들어 놓았다. 그리고는 광에서 놋그릇과 제기를 꺼냈다. 그날은 유난히 가을 햇살이 뽀송뽀송했다. 어머니는 감나무 아래 가마니를 깔고 양재기에 물을 담아 짚으로 수세미를 만들어 놓고는 언니를 불렀다. 그제야 언니와 나는 제상에 올릴 놋그릇을 닦는 날임을 알았다.
    철없는 나는 어디론가 숨어버리고 싶기도 하지만 거절할 수 없는 재미의 유혹이 도사리고 있었다. 그 유혹이란 세 살 위인 언니가 재미난 이야기를 해주는 것이다. 이광수의 「흙」, 박화성의 「고개를 넘으며」, 지금은 생각도 잘 생각나지 않는 이야기가 언니의 입에서 술술 풀려나왔다. 이야기를 듣다 보면 신명이 나고 조금씩 놋그릇을 닦다 보면 어느새 서서히 윤이 나는 광택에 홀려 나도 몰래 신명이 났다. 팔에 힘이 풀리고 구첩반상의 그릇이 끝날 무렵이면 언니의 이야기보따리도 끝이 났다. 내가 아마 소설 읽기를 업으로 하는 이유 중의 하나는 언니의 이야기에서 비롯되었는지도 모른다.

유기의 기원은 페르시아 인도 중국을 통하여 신라 초기에 우리나라에 들어왔다. 놋쇠 제품을 통틀어 유기라 한다. 그중 방짜유기는 78%의 구리와 22%의 주석을 합금한 것이다. 우리나라 특유의 금속기법으로 쇠를 불에 달구어 가공한 제품이다.

방짜가 질이 제일 좋고 통짜는 쇠와 잡금을 섞어 질이 떨어진다. 옛날에는 유기그릇이 잘 사는 사대부 집안이나 궁궐에서 많이 사용하였다. 여름에는 시원한 느낌의 사기나 도자기류의 그릇을 쓰고 겨울철은 보온성이 뛰어난 유기가 안성맞춤이다. 유기는 칠첩반상 혹 구첩반상이 있다. 어느 해 서울 삼청동 한식당에 들어갔는데 음식이 유기에 담겨 나왔다. 놋그릇에 밥상을 받으니 귀한 대접을 받는 느낌이 들었다.

안성 유기로 밥상을 받고 노인 대접을 받는 것은 요원한 일이다. 가벼운 접시와 플라스틱 제품의 화려한 빛과 일회용이 판치는 세상이다. 지구는 플라스틱과 비닐 제품 사용으로 빠르게 온난화가 진행되어 북극과 남극의 빙산이 녹아내리고 있다. 우리의 고유한 생활에서 문화유산들이 사라져간다. 놋그릇은 선조들의 지혜로운 삶을 되돌아보게 한다. 일 년에 한두 번 손질하는 번거로움이 있겠지만 잘 닦아 놓고 바라보면 온화함과 미덕이 함께 느껴지기도 한다.

"결세 좋다 안성 유기, 소리 좋다 정주 남천 방짜, 도듬질 좋다 김천 방짜, 떡 맛 좋은 놋양푼, 장맛 좋다 놋탕기, 살결 좋은 놋요강, 분벽사창에 놋촛대요, 칠첩 반상기가 입맛대로…"

1960년 이전의 유기제품들이다. 부엌에는 대접, 주발, 보시기, 종지, 바리, 수저, 놋비치, 접시, 주전자, 그 외 화로, 적틀, 부삽, 타구, 왕의 매화틀까지 놋쇠로 만들었다. 위의 인용문은 소설가 김주영이 1978년 발표한 소설『객주』의 한 대목이다.

"도듬질 좋다. 김천 방짜." 이 구절을 주목할 필요가 있다. 도듬질은 두드려서 만드는 방짜유기의 가장 대표적인 특징이다. 잘 닦아 눈부시고 차분한 광택으로 내 앞에 뽐내고 있는 저 유기 놋그릇을 바라본다. 옛사람이 뚜벅뚜벅 걸어 나오신다. 외할아버지와 외할머니 인간 본연의 모습대로 살다 가신 두 분의 살아생전 자연스럽게 늙어 생을 마감하신 그분들이 그립다. 내 어머니가 부엌에서 할아버지 밥상을 차리며 마지막 가마솥 뚜껑을 열고 뽀얀 김이 서린 놋주발에 밥을 퍼 담으시는 그 모습이 선하다.

놋주발에 밥을 담았다. 놋대접에 아욱국을 담고 작은 보시기에 나물을 담고 나만의 밥상을 차렸다. 밥과 국이 오래 따뜻하다. 이 저녁 차디찬 빵 한 조각을 거리 귀퉁이에서 웅크리고 먹고 있을 노숙자들이 생각난다. 어쩌다 그들은 유민이 되어 살아가는지, 따뜻한 밥이 목에 걸린다. 한때는 깨끗하고 반듯한 사람이었을 그들, 누군가 다시 만나 사랑을 나누기엔 너무 멀리 와버린 그들, 이기적인 세상 앞에 놓인 저들을 오늘 내 앞에 있는 놋그릇처럼 다시 반짝반짝 빛나는 날로 거두어 주시는 이가 있기를 바라는 마음이다.

모과의 꿈

　가을은 뿌리지 않은 자에게도 풍성함을 가져다준다. 텃밭을 하는 친구들이 가을을 수확했다며 고추며 대추를 챙겨 주었다. 사람의 정성만으로 이 풍성한 수확을 얻을 수 없다. 햇빛과 비, 바람, 이슬로 우리네 삶이 더욱 윤택하게 되는 이 가을. 나누는 자의 넉넉함과 받는 자의 기쁨으로 더불어 살아가는 삶에 따스함이 고여 오는 가을이다.
　달라스 문학회 김수자 회장님의 집 창가에 놓인 함지에 담긴 모과는 한 폭 그림이었다. 탐스러운 빛깔과 향기에 반한 나는 한참을 그 자리에 서서 모과를 바라보았다. 그 모과의 여행은 이렇다. 이남묵 선생님 댁에서 얻어 온 것이라며 회장님은 모과 다섯 개를 나누어 주었다. 그렇게 모과는 한 집을 거쳐 내 집까지 왔다. 모과는 정녕 낯설어하지 않고 우리 집 한 가족처럼 가부좌를 틀고 자리를 잡았다.

다음 날 아침 모과가 놓인 그 앞을 무심히 지나는데 코끝에 스치는 모과 향에 사로잡혔다. 모과는 나를 불러 앉히고 나에게 말을 걸어왔다. 속으로만 간직한 하늘의 이야기를 내 앞에 향기로 풀어내었다. 모과나무는 겨우내 마른 삭정이로 추위에 떨다 사춘기 소녀의 젖가슴처럼 연분홍 꽃봉오리의 생살을 틔운다. 그 순간의 통증이 봄의 환희로 분홍 모과꽃이 만발한다.

모과는, 졸릴 때 봄볕이 간지럼 태운 이야기며 한여름 작열하던 태양의 반란과 한줄기 시원한 소나기로 타는 갈증을 달래기도 했다고 한다. 어느 날은 사나운 바람이 난타를 치며 동료들이 우수수 이별을 고할 시간도 없이 낙화하여 그 슬픔도 안으로 간직했다고 한다. 인고의 지난 한 시간을 향기로 바꾸는 아름다운 이야기를 내게 속삭여 주었다. 이제 자신이 꿈꾸고 가꾼 향기를 퍼내어 주기로 했다. 모과는 오늘 내가 잃어버린 하늘빛 감각을 일깨워주고 있다.

다시 하루가 지난 아침, 모과는 향기로 내게 다가와 울먹이며 하는 말.

"내가 못생긴 과일이긴 하지만 그렇다고 티내서 너무 홀대하진 마세요. 내가 어물전 꼴뚜기를 비유할 만큼 울퉁불퉁 못생겼지만 속을 깊이 들여다보세요. 꼴은 그렇다 하더라도 향기는 과일 중에

제가 최고랍니다. 눈에 보이는 것에만 잣대를 두고 겉모습만 예쁘면 모든 것이 용서되는 인간 세상이 나는 참 슬프답니다. 정임 씨 당신만이라도 나를 좀 알아주세요."

모과의 놀라운 이야기에 나는 참으로 부끄러웠다. 나 역시 모과처럼 못생겼지만 나는 얼마나 잘난 척하며 살아왔는지, 모과 앞에 더욱 작아지고 못난 나를 되돌아보게 한다.

채반에 담긴 모과의 그 은은함이 집 안을 고아하게 한다. 육칠십 년 대에 도상봉 화백 전시회에서 본 모과를 주제로 그린 유화 한 점이 생각난다. 내가 모과를 닮았다면 나는 무엇에 담기느냐에 따라 나의 정서도 달라질 것이다. 나는 무엇에 담겨있을까?

새벽에 일어나 커피를 마시며 식탁 위의 모과 향기가 코끝에 스칠 때마다 모과의 그 아름다운 꿈을 함께 들여 마신다. 나는 이 모과가 제 향기를 다 풀어버릴 때까지 모과 이야기를 귀담아듣고, 그 꿈을 이루어 주고 싶다는 생각이 든다.

자연은 항상 인간보다 더 많은 것을 가르쳐준다. 저 모과도 속 깊은 향기로 자신의 존재를 확인시키는데, 나도 저렇게 유연하고 속이 깊은 나만의 향기를 남들이 느끼게 할 수 있을까?

모과 앞에서 사념에 젖어본다. 이 나이가 되도록 살면서 나의 잣대로만 살아오지 않았을까? 내 이웃을 폄하하고 내 영혼에 향기보다는 비린 욕심의 냄새를 풍기며 오만하게 살지 않았을까? 모과처럼 조용히 묵언으로 한 해 동안 익어온 내밀한 향기를 전하며 살아가고 싶다.

나는 달라스 문학회 모임에 가는 것이 즐겁다. 회원들 간 서로의 작품을 나누는 시간은 정말 즐겁다. 회장님의 짧은 문학특강도 나에게는 의미 있는 시간이다.

오랜만에 참석하신 노 시인은 자기 집에서 거둔 배와 난을 나눠 주시겠다고 하셨다. 함께 탑승하고 가면서 영화와 문학 이야기로 집에 도착할 때까지 대화의 꽃을 피웠다. 아직도 청년이라 호언하시는 노 시인의 집에 감나무와 배나무가 있었다.

감과 배를 주시며 나무 화분걸이에 담긴 양란 한 포기까지 선물로 주셨다. 잘 키워 예쁜 꽃 피우라며 주신 난과 함께 내가 외출 후 벗이 되라고 모과에게 고한다. 노 시인의 인정 어린 마음을 받아와 거실에 둔 양란과, 채반에 담긴 노란 연둣빛이 감도는 모과가 놓인 풍경 속으로 햇살이 내린다.

친구는 아까운 모과를 차나 술을 담그라고 하지만 나는 그냥 그렇게 모과의 향기가 좋다. 다 시들어 향이 사라지는 순간까지 모과를 들여다보고 싶다. 은근히 내게 말을 걸어오기도 하는 모과가 내게 온 그해 가을을 오래 기억한다.

   그 후 십수 년 간 이남묵 선생님은 해마다 탐스럽게 잘 익은 모과를 한 아름 안겨주셨다. 누가 "어물전 망신은 꼴뚜기가 시키고 과일 전 망신은 모과가 시킨다." 하여 꼴뚜기와 모과를 생김으로 폄하하는지. 지구에 존재하는 만물은 그 존재만으로도 제 가치의 고귀함이 있을 것이다. 모과나 양란처럼 드러나지 않고 향기를 지니며 살아가는 초로의 노인이고 싶다.

소통

아침에 일어나면 나는 식탁 앞 창문부터 연다. 새벽 공기가 알싸하게 내 코끝을 스미면 기분이 한결 상쾌하다. 창문으로 환한 불빛에 이끌려 맨 처음 찾아오는 나의 손님이 있다.

"야옹" 하며 밤새 어디서 떠돌다 온 회색 고양이 한 마리. 내가 이름을 지어 주었다. "네로" 처음 고양이를 보는 순간 잠깐 나는 머리가 하늘로 치솟는 느낌이 들었다. 도둑고양이라 생각한 이놈은 아래층에 사는 그녀가 내놓은 쓰레기봉투들을 낱낱이 밤새 풀어헤친 장본인이다. 아주 잠깐, 그러다 투망 사이로 말을 건다.

나를 향해 배고프다고 투정을 하는 것 같다. 나는 커피를 마시다 말고 일어나 네로에게 줄 먹을 것을 찾아본다. 치즈 한 장을 들고 문을 밀고 나가 던지니 쏜살같이 달아난다. 나와 아직 길들여지지 않은 관계여서 들고양이의 습성대로 재빠르게 도망쳐 버린다. 나는 던진 치즈를 주워서 다시 계단에 올려놓았다. 오전에 출타하면서 그 치즈를 보고 피식 웃었다. 곧 네로가 와서 먹기를 바라고 집을 나섰다.

늦게 귀가한 나는 그 치즈가 햇볕에 말라 굳은 것을 보고 아하! 나와 네로가 소통이 안 되는구나 하며 씁쓸한 미소를 지었다. 그 치즈가 이틀째 그 자리에서 말라있어 갖다 버렸다.

여전히 아침이면 네로는 불빛 밝은 창 앞에서 "야옹" 하며 아침 인사를 한다. 좀 더 오래 네로를 관찰하고 말을 붙인다. 회색 옷을 입은 네로는 여위어서 볼품이 없다. 그래도 눈빛은 살아있다. 네로를 바라보며 그의 허기와 외로움을 덜어주고 싶다는 생각이 든다.

오늘도 살그머니 문을 밀고 문 안에서 치즈를 던져주었더니 네로는 청각이 발달 되었는지 길들여지지 않은 고양이의 습성대로 민첩하게 달아났다.

나와 네로의 소통은 불통이 되어 며칠을 숨바꼭질하다가 어느 날 나는 무릎을 쳤다. 그렇지! 네로가 오기 전에 치즈 조각을 밖에 갖다 놓자. 왜 그 생각을 못 했지. 나의 배려가 없었기 때문에 네로와 나는 교감은 했다지만 소통은 불가능하였다.

서로 줄 당기기로 팽배했던 아침 인사, 다음 날 나는 네로가 오기 전에 치즈를 창 앞에 놓아두었다. 약속이나 한 것처럼 네로는 나에게 아침 인사를 왔다. 그리고 그 치즈를 야금야금 먹고 있다.

길들인다는 것은 관계를 맺는다는 것이다. 사람과의 관계도 서로가 길들여지지 않는 관계에서 배려와 관심, 사랑과 우정의 각도를 자기의 초점에만 맞춘다면 소통 불능의 관계가 될 것이다. 오늘 아침에도 어김없이 찾아온 손님, 치즈만 먹고 가버리지 않고 나에게 인사의 말을 건넨다. "야옹야옹" "야옹" 시선이 마주치면 사랑의 교감이 느껴진다. 관계는 이런 것일까? 어린 왕자와 여우의 관계가 생각난다. 자기별에 두고 온 장미의 투정. 회색 네로와 나의 관계도 이렇게 서로가 아침 인사를 나누는 사이가 되었다.

한 달 전에 세일즈를 다니다가 소통이 안 된 교우와 관계 불통으로 마음에 상처를 받았다. 그 일로 나는 마음이 바위에 짓눌린 듯 무거워 불편했다. 나는 소통에 대해 묵상하고 기도하면서 그녀와의 관계 회복을 위하여 고심하다 '아 그래 성탄 카드를 보내며 화해를 하자.'고 생각했다. 그녀만을 위한 카드를 고르고 불협화음의 마음을 화음으로 바꾸려는 나의 마음을 담아 카드를 보내었다. 자정 성탄 미사 때 그녀는 나에게 손을 내밀었다.

"제노베타 미안해, 주님의 평화를 빌어."

"먼저 카드 보내주어 고마워."

"마음 받아 주어서 내가 고마워."

나는 그녀의 손을 잡고 따뜻한 포옹을 하였다. 나는 피가 맑게 흐르는 것을 느끼며 성탄 자정미사에 은총을 받았다. 작은 갈등도 이렇게 마음을 열면 스르르 풀린다. 성탄 절기에, 손톱 속의 가시가 빠져나온 것처럼 기뻤다. 서로에게 진정한 배려로 다가서면 길이 열린다는 것을 야생 고양이 네로를 통하여 배우게 되었다.

책 속에 길이 있고 자연에도 도가 있고 하물며 짐승 한 마리 풀 한 포기에도 길이 있고 깊은 지혜를 얻을 수 있다고 생각한다. 밝아오는 새해에는 가족과 친구, 이웃들과도 아름다운 소통으로 피가 맑게 흐르는 한 해가 되기 바란다. 이민자로 살아온 한 해가 결코 힘들고 허무하지만은 않다.

쏟아진 작은 못들

 이사를 온 후에 여기저기 벽에 못을 박아 액자를 건다. 크고 작은 못을 쓰고 남은 것들을 한 곳에 넣어 두었다. 오늘 아침에 무엇을 찾다가 못이 쏟아져 흩어졌다. 못들이 잠에서 깨어나듯 사방으로 튀어 자리를 잡고 누웠다. 굵은 못, 중간 못, 작은 못, 아주 작은 못, 못들. 예수를 십자가에 박은 대못은 없었다. 약간 신경이 날카로웠다. 못을 주섬주섬 주우면서 생각했다.

 나에게는 항상 피해의식이 있었다. 시집 식구들 그리고 이혼, 혼자 살아가면서 여러 가지 결핍들로 인한 사람들과의 부적절한 관계, 그런저런 이유로 나의 몸과 마음에 박힌 못들은 내 혈관의 피를 냉각시키는 착각과 혼돈의 세월을 거쳐 왔다.
 내 몸에 박힌 촘촘한 못들이 다시 일어선다. 그 못의 찔림이 이제는 아픔으로도 느껴지지 않는다. 세월이 내 가슴속에 수많은 못을 박아놓고 지나간 것이다. 아차! 나는 지금까지 살면서 많은 사람들에게 알게 모르게 얼마나 많은 크고 작은 못들을 박고 살아왔는지?

내 몸속에 박힌 못만 생각했지 내가 남의 마음에 박은 못은 한 번도 생각하지 않았다. 앞으로 더 얼마나 많은 못을 박으려고 이렇게 뾰족한 날의 작은 못을 저 가슴 밑에 한 상자 오롯이 숨겨두었나. 나의 비밀한 가슴을 헤집는다.

내가 처음 못을 박은 이는 아마 내 어머니가 아닐까 한다. 어머니의 가슴에 수많은 못을 박아 그 상처로 남은 빈자리가 지금 아프다. 이민이란 큰 파도를 타고 넘으면서 어머니께 대못을 박았다. 외국에서 이혼하여 대못을 박았고, 마지막 돌아가실 때까지 어머니의 그리움에 대못을 박았다.

어디 그뿐이겠는가? 자라면서 작은 못을 수없이 박았고, 젊음의 자유분방함으로 어머니의 가슴에 얼마나 많은 못을 박았는지. 사랑이란 이름과 우정이란 이름으로 함께해온 가족 친구 이웃들에게 알게 모르게 박은 못들이 일제히 일어서서 나를 찌른다. 오늘 아침 이 흩어진 못들 앞에서 망연히 지난날들의 망치 소리가 귓전을 때린다.

사람은 보통 자신이 넉넉히 지닌 것보다 자신이 아쉽고 결핍된 곳을 더 절실하게 의식하고 더 큰 목소리를 내는 경향이 있다. 자기의 잘못에 대해서는 지나치리만큼 관대하다. 남의 잘못에는 눈이 화등처럼 커지고 그 미세함이 바윗덩어리로 보인다.

나의 이익을 위하여 나의 결핍을 위하여 맹렬하게 못 박았던 지난 세월, 나만은 남의 가슴에 망치질하는 사람이 아니라고 발뺌한다. 자신은 그 무리 속의 한 사람이 아니라고 서슴없이 말한다.

"한국 사람들은" "저 사람은" "그들은" 그 속에 "나"라는 존재는 항상 빠진다.

내가 존재하므로 모든 결과가 나온다. 내가 바로 모든 시초의 출발점임을 인식했을 때 나의 부족으로 남의 가슴에 못질하는 나를 보게 된다. 그 후 내가 가진 부당함이 얼마나 큰지를 알게 된다.

작은 못 하나가 오븐의 얇은 벽 사이로 떨어졌다. 지금은 어떤 무엇으로도 그 못을 꺼낼 수가 없다. 마치 깊이 감추고 들추어내고 싶지 않은 죄처럼. 무릇 그렇게 남의 심장에 못질한, 그 숨어 박힌 자잘한 못들.

곱게 화장을 하고 잘 차려입고 인격과 지성을 겸비한 사람이 되다, 한 수 더 하여 믿음이 좋은 신앙인으로 그렇게 아무렇지도 않게 잘살아온 날들을 비웃게 한다. 나의 한 겹을 벗긴다. 눈먼 도시에서 살아있는 자같이 남의 가슴에 못을 박고 그 못 자국에 아파하며 살아가는 변변찮은 족속이었구나. 이 아침 변변찮은 족속인 나에게 무기질인 못이, 나를 찌른다. 그 아픔의 강도가 심히 강하다. 못 하나의 묵상으로 이타심을 발견한 아침의 사유가 맑다.

명언 아닌 명언(銘言)

교훈과 급훈을 만들어서 교실에 붙여 놓았던 시절이 있었다. 또 학교에서 가훈을 써오라고 할 때도 있었다. 교훈과 급훈은 지금 생각하면 참으로 경직되고 완고한 훈이었다고 생각된다. 살아내면서 흔들릴 때마다 나의 위로가 되고 붙잡아 주는 명언들도 많았다.

우리 집에는 가훈이 없었다. 학교에서 가훈을 적어 오라고 하면 어머니는 내가 가훈이다, 하셨다. 그래서 엄마라고 적어가서 선생님과 친구들에게 한바탕 조롱감이 되었던 기억이 난다.

이정록 시인의 『어머니 학교』 『아버지 학교』 두 권의 시집을 읽으면서 아, 맞다, 맞아, 그때 우리 엄마 말이 옳은 말씀이다 하는 생각이 들었다. 두 권의 시집 속에는 가훈보다 더 깊은 말씀과 삶의 순리가 보석처럼 박혀있었다. 그 보석이 보석인지를 어릴 때는 잘 몰랐다. 시인의 어머니는 초라하지만 당당한 삶의 갱도 속에서 수많은 보석을 뒤늦게 발굴해 내었다.

세상 이치는 교육이라는 제도 속에서만 이루어지는 것은 아니다. 땅을 갈고 농사를 짓고 하늘의 순리를 역행하지 않고 늘 남루를 걸치고 거친 음식을 먹고 살아온 지난날 우리들의 어머니는 모두가 철학자이시다.
　『어머니 학교』의 시 속 꾸밈없고 지혜로운 말씀들이 모두 순리를 꾀어 찬 진정한 詩語들이다. 교육은 완고함과 정답, 우수함만을 강조한다. 또한 『어머니 학교』 시들은 모두 "시상에" 하는 감탄과 부드러움, 해학과 인고의 세월이 묻어있는 교과서다. 너무 교훈적이지 않고 딱 한 번에 "시상에" 하며 울든지 웃든지 아니면 무릎을 탁, 치든지 그렇게 가슴을 적신다. 사는 게 왜 이리 고달픈가? 아는 게 많아 고달프지, 가을 하늘에 뭉게구름처럼 듬성듬성 여유롭고 푸근하게 살아가기는 이 세상이 틀린 것 같다.
　그러나, 『어머니 학교』 『아버지 학교』의 청강생이 되어 시집을 옆에 끼고 거드름을 피워보자. 숭숭 뚫린 마음의 여유를 찾을 테니까. 거두절미하고, 그래서 내가 결혼을 하고 가훈을 이렇게 지었다,
　"예(藝)롭게 살자" 이 무슨 씨 나락 까먹는 소리라니 예는 그 속에 아름다움, 참, 멋, 깊이가 다 들어있는 포괄적 의미라고 하니 모두 웃으면서 나다운 발상이라고 하더군요. 정말 내 신혼 때 이웃에 사는 서예가 할아버지께 부탁해서 예서체로 글을 받아 족자로 만들어 우리 집 벽에 걸어 두었다.

성당에서 주소록을 만드는데 신부님께서 자기가 좋아하는 성서 한 구절을 써오라고 하셨다. 내가 좋아하는 성서 구절이 많지만 두 가지로 정했다. 고린도 후서 6장 16절을 오랫동안 좋아했다. '슬퍼하는 자같이 보이지만 실은 늘 기뻐합니다. 가난한 자같이 보이지만 실은 많은 사람을 부유하게 합니다. 아무것도 가지지 않은 자같이 보이지만 모든 것을 소유하고 있습니다.' 포스트잇으로 책상 앞 냉장고에 붙여 두었다. 나에게 주신 하느님의 말씀같이 늘 살면서 함께 호흡하고 사모한 구절이다. 그런데 너무 길어서 접었다.

잠언 1장 7절도 좋아하는 구절이다.

'주님을 경외함은 지식의 근원이다.' 간결하고, 문학을 한다고 애쓰고 있음이 자만하지 않도록 절제하게 하는 구절이다. 내가 좋아하는 문학이 하느님을 그 바탕의 근원으로 두려고 했다. 그러나 이 모두가 나에게는 버거운 말씀이고 힘에 부치긴 마찬가지다. 꾸밈없고 진솔한『어머니 학교』어머니의 말씀들은 명언의 명언이 아닌가? 나도 이제 어머니 노릇 32년인데 아직 한 번도 명언 같은 홈런을 쳐 본 적이 없는 것 같다. 이제부터라도 세상을 허투루 살지 않으려면 남은 생애 딸에게 멋진 명언으로 홈런을 치고싶다

4부

오늘은 그저 좀 좋지 않은 날일 뿐,
곧 다시 좋은 날이 올 거야

흔적

2011년 12월 들어 이삼일 간격으로 위안부 할머니 두 분이 돌아가셨다. 두 분의 죽음은 짤막한 단신 뉴스로 처리되었다. 포스코 창립자 박태준 사망. 세계 톱뉴스로 장식된 북한 김정일 국방위원장 사망 뉴스에 비하면 너무도 초라하다. 성탄이 가까워지는 송년 모임의 계절이다. 모두들 바쁜데 나의 일상의 태엽은 조금 느슨하다.

책을 읽다 활자가 자꾸 튕겨 나가는 느낌이다. 위안부 황금자 할머니의 죽음이 단신으로 처리된 뉴스가 자꾸 마음에 걸린다. 혈육 한 점 없이 외롭게 돌아가신 그분의 영혼을 위해 주일 미사를 봉헌했다.

황금자 할머니는 1924년 함경도에서 태어났다. 13살 되는 해에 엄마 심부름을 나왔다가 그 길로 일본 형사에게 끌려갔다. 할머니는 흥남 유리공장에서 3년간 노동 착취를 당한 뒤 제법 처녀티가 나자 일본군에 의해 위안부로 끌려갔다. 생지옥과 같은 위안부 생활에서 일본 순사들에게 반항하다가 군홧발에 손이 짓이겨져 평생 손가락이 펴지지 않는다는 할머니의 한을 풀어드리고 싶다. 그 버거웠던 삶, 황금자 할머니가 살아낸 고난과 소외, 고독을 생각하면 지금 나의 삶은 구상 시인의 시처럼 꽃자리다.

해방된 조국에 돌아왔으나 고향에 돌아갈 수 없어 전라도까지 내려왔다. 황금자 할머니는 교복이나 제복을 입은 사람을 보면 오금이 저려 발을 뗄 수가 없었다고 한다. 일본 형사나 군인에 대한 심한 혐오감에 평생이 짓눌렸다고 했다.

혈혈단신으로 타관을 헤매며 식당에서 험한 일을 하면서 살아오셨다. 외로워서 고아를 데려다 정을 주고 키우다 10살 되던 해에 소년은 병들어 죽었고 그 후 혼자 사셨다고 한다.

정치 사회의 격변 속에서 위안부 할머니들의 인권이 복원되고 사람들의 인식도 달라졌다. 정부의 보조금으로 근근이 생활하시면서 노구를 이끌고 파지와 빈 병을 주워 모아 돈을 모았다. 자신을 위해 겨울 난방비도 절약하여 모은 돈 1억을 선뜻 가난한 학생들을 위해 내놓으셨다. 세 번이나 그리하셨으니 3억의 돈을 장학금으로 내놓으신 것이다. 노환에 궁핍하고 외로우셨던 황금자 할머니가 내놓은 3억은 돈의 가치로는 절대로 따질 수 없는 무한의 가치를 담고 있다. 그것은 위대한 저서이고 법정 스님의 무소유이며 김수환 추기경의 바보이다.

이 무렵 서울 시향 지휘자 정명훈의 20억 연금에 관한 뉴스가 뜨거운 감자로 보도되었다. 예술가의 가치 창출은 돈으로 환산할 수 없는 것이라지만, 지휘 한 번 하는데 4.244만 원이라 한다. 유럽 출장 때는 비즈니스 클래스 왕복 비행기에 매년 출장과 관계없이 3장의 왕복표와 메니즈 왕복표까지 받는다고 한다.

유럽에 상근하는 외국인 보좌관 활동비 3만 유로, 해외 협연 섭외 등 명시하지 않는 비용만 4만 유로라 하니 국내에서조차 그에 대한 불투명한 지출 논란이 제기되고 있다.

물론 정명훈이 지휘를 하고부터 '구스타프 말러 시리즈'가 새로운 레퍼토리로, 클래식계의 위상이 높아졌다고 한다. 그만큼 연봉 시비는 의미가 없다는 음악계 반응도 뜨겁다.

이 기사를 읽고 만감이 교차한다. 황금자 할머니의 3억과 정명훈의 연봉 20억. 황금자 할머니의 죽음과 김정일의 죽음, 어느 누구의 돈이 더 가치 있고 누구의 생명이 더 소중하고 무엇이 더 크고 무엇이 더 감동을 안겨주었는가?

상주 한 사람 없이 군청에서 마련한 조촐한 장례로 화장해서 강물에 뿌려졌다. 우리들의 작은 영웅 황금자 할머니의 죽음이 내 가슴에 멍울로 남는다. 돌아가시기 전에 남은 재산도 가난한 학생들을 위해 써 달라고 유언을 남기셨다. 아무도 기억해 줄 사람 없이 힘없는 나라의 백성으로 태어나 일본 압제에 청춘을 약탈당하고 서럽게 살아오신 한 생을 새롭게 꽃피우고 가셨다. 황금자 할머니의 아름다운 희생의 흔적이 지워져선 안 될 것이다. 그래서 이 글을 기록한다.

황금자 할머니의 이야기를 서른이 넘은 딸에게 들려주었더니 딸이 눈물을 흘리며 말한다.
"나라가 없어서 지켜주지 못했네. 일본 사람들 지금도 사과를 안 한다면서. 참 나쁜 사람들이다."
87년을 꿋꿋이 살다간 황금자 할머니의 죽음을, 내 딸이 살아낼 인생의 역경 속에서 기억하길 바란다. 사랑이란 말을 하지 않고도 사랑으로 살다 가신 황금자 할머니가 사랑 그 자체이다. 육신은 우리 곁에서 떠나가셔도 우리는 오래도록 할머니의 그 아름다운 신산 고초의 삶을 기억할 것이다. 죽어도 죽지 않은 사람으로 남겨두고 싶다. 세상에 모질게 휘둘린 자 같지 않게 그 마음을 담아 나눔으로 세상에 인정스러운 흰 꽃을 피우고 가신 황금자 할머니. 저승에서는 종군위안부라는 오명 없는 곳에서 고향 마을 찾아가서 아늑한 고향 집 바라보며 편히 쉬소서.

  한 편의 소설은 끝났어도 다음 세대에 이 소설은 읽고 또 이어져 우리 기억 속에 살아나야 할 것이다.

명품이 뭐 길래

 지난가을 친한 문우로부터 명품? 가방을 선물 받았다. $400의 비싼 것을 포장도 개봉하지 않은 채 나에게 주었다. 상표가 짝퉁이라 미안하다고 한다. 자기는 고가의 같은 제품이 있다고 했다. 늘 낡은 가방을 몇 년째 들고 문학회에 나타나는 내가 안쓰럽게 보였나 보다. 새로 생긴 가방은 책 몇 권 거뜬히 들어가는 디자인이라 편안한 느낌이 들어 좋았다.

 오늘은 이 가방을 들고 한국 마트에 쇼핑을 갔다. 인간의 마음은 참 간사하다. 짝퉁인 것을 알지만 나도 몰래 괜히 어깨가 으쓱하니 발걸음이 경쾌했다. 오! 나의 속물근성이여. 왜 여자들이 명품 가방에 목을 매는지 이제야 알 것 같다. 오랜만에 마트에서 K를 만났다.
 "어! 재린 엄마 루이비통 가방을 다 들고, 그 가방 진품이야?" 나의 말을 기다리기도 전에 가방을 낚아채고 이리저리 살펴보더니 "그러면 그렇지 짝퉁이네. 내 것은 $1700 준 것인데 그러면 안 되지!"

뭐가 안 된다는 것인지 말을 봇물 쏟아지듯 한바탕 쏟아놓고는 내게 말할 기회도 주지 않고 사라진다. 기가 딱 막혀버린 나는 그 으쓱하던 어깨가 축 처지고 말았다. 나는 속으로 '이건 뭐야, 사람까지 짝퉁으로 보는 것 아니야?' 저만치 사라지는 K를 불러 세웠다.

"$1700의 명품을 들어 너무 멋지네, 내 가방이 짝퉁이라지만 $400불 거금의 가방을 선물 받은 나에게는 명품보다 한 수 위의 진품이야"

주일 미사에도 명품 가방을 들고 갔다. 역시 가방에 눈길이 머무는 사람들의 반응은 어제와 같았다. 왜 가방이 화두가 될까? 그건 명품 가방을 소유한 자들만의 관심이다. 가방 하나에 이처럼 시선이 집중될 줄은 정말 뜻밖이다. 그냥 "가방 멋지다" 하면 "응, 문학회 친구가 짝퉁인데 나에게 선물한 거야."하고 말할 텐데 그럴 시간을 주지 않는다. 알맹이 없는 겉포장에만 관심이라니, '나 여기 있소.' 하고 외치고 싶다.

가난하였으므로 나는 행복하였네, 라는 아이러니한 말이 나의 정수리를 친다. 가까운 문우 한 분은 크고 질이 좋아 보이는 갈색 통가죽 가방을 들고 다닌다. 책이 많이 들어간다고 이동도서관이란 별칭이 붙은 그 가방을 즐겨 들고 다닌다. 가방은 그라지 세일에서 단돈 $7에 구입했다고 자랑한다.

내가 훔치고 싶은 가방은 그런 가방이다. 명품이 아니면 어떤가. 내실이 꽉 찬 사람이 들고 다니는, 개성 있고 실용성과 수수한 멋을 지닌 가방이 나는 좋다. 그녀는, 마음의 눈으로 바라보아야만 볼 수 있고, 향기가 느껴지는 예리함을 지닌 사람이다. 그녀의 가방이 그녀를 더욱 돋보이게 한다.

자본이 물질에 쉽게 물들어가는 현실에 노출된 사람들, 경제 심리적 용어로 베블린 효과와 파블린 효과라는 말이 생각난다.

베블린 효과는 사람들의 과시욕 때문에 재화의 가격이 높을수록 수효가 늘어나는 현상을 말하며, 파블린 효과는 유명한 브랜드를 가지면 마치 스스로가 값어치 있는 집단에 속한 느낌을 받는, 말하자면 엘니뇨 현상이랄까?

여성의 장신구 중에 핸드백은 부의 상징이 아니라 멋과 개성의 포인트다. 의상과 장소와 때에 따라 돋보이게 하는 감각적 엑센트다. 여성이라며 누구나 몇 개의 핸드백 혹 가방을 소유하고 있을 것이다. 나에게도 몇 개의 손가방이 있다. 가방을 고를 때는 책이 한두 권 들어가는 넉넉한 크기의 가방을 선호한다.

포켓이 달린 실용성과 나만의 연출에 어울리는 색상과 디자인을 고르게 된다. 오랜 세월 나와 동거한 갈색 통가죽 가방은 세컨핸스에서 구입했다. 삶의 질을 높이고 사람다움에 쓰이는 흐름이 나의 물질 소비미학이자 절대가치이다.

명품은 수제에 가까워서 그 이름값을 하니, 상류층들의 부담 없는 소비로 경제적 유통의 흐름이 된다면 자연스러울 것이다. 명품 가방 계를 넣거나 카드로 구매하는 욕망의 전차에 동승하는 어리석은 허세는 결코 바람직한 현상은 아니다. 세상은 초개처럼 살기엔 참으로 유혹이 많다. 멋있게 부티 나게 보이려 안간힘을 쓰며 명품족으로 살아가는 사람들의 거품을 걷어내고 들여다보면 그 안은 알맹이가 없다. 오늘 내가 짝퉁 가방을 든 것에 안도한다.

루이비통, 샤넬, 구찌, 프라다, 버바리, 코치 등의 명품 이름 뒤엔, 명품을 만들어 내는 겸허하고 열정적인 집념의 장인이 있다. 그들 명인이 있으므로 명품의 가치가 빛난다. 내가 아는 그녀는 명품 가방을 들어 품위가 있어 보인다.

그녀는 결코 파블린 효과에 노출되지 않았다. 세련되고 겸손한 그녀가 있어 명품이 더욱 빛난다. 명품이 뭐 길래, 한 주일간 짝퉁 소동에 확실한 방점을 찍었다. 나는 명품 가방이 아닌 명품 수필 한 편을 죽기 전에 남기고 갈 수 있기를 소망하며 루이비통 가방을 선반 위에 올린다.

삶의 무게가 느껴질 때

오월은 치장하지 않아도 아름답다. 차가 우리 집 길로 들어서면 주위가 온통 푸르다. 30년을 넘어 형성된 주택가는 잘 가꾸어진 잔디와 나무들이 반쯤 하늘을 가린다. 봄비가 오래 내려 땅에 깊이 스민 수액으로 나뭇잎이 오월 햇살에 눈이 부시다 못해 내 눈이 청록색으로 물들 것 같다. 집에 가까이 올수록 가슴이 따뜻해진다.

오월을 누가 가정의 달이라 했는지, 잘 어울리는 사계 중에 가장 빛난다. 집은 가족들이 모여 살아가는 참 쉼터이고 가정을 이루는 행복한 삶의 출발점이다. 우리 집에서 가장 작은 내 손녀 가은이가 기다리는 나의 쉼터.

언제부터인가 집으로 돌아오는 것이 한 사발 행복의 감로수를 마시는 것처럼 느껴진다. 이민 27년 동안에 몇 번을 이사하면서 그 낯설고 쓸쓸한 기억들… 당시의 집은 집이라기보다는 지친 몸을 누이는 잠자리에 불과했었다.

집에 가까이 올수록 잔디 깎는 소리가 요란하다. 딸이 드디어 이 땅에서 처음 잔디를 깎는 사건의 날이다. 주택으로 이사 와서 잔디를 40불씩 주고 깎는 것이 큰 지출이라고 생각해 잔디 깎는 기계(Lawn mower)를 구입했다. 이민 3년도 안 되어 이혼 후 어린 딸과 둘이서 거주가 간편한 아파트에서 살다 보니 잔디를 깎을 일은 없었다.

이제 딸이 가장이 되어 주택으로 이사를 오게 되었다. 감나무 무화과 석류나무가 있는 아름다운 집이다. 넓은 잔디에서 땀 흘리며 Lawn mower를 운전하는 모습을 보며 안도한다. 부모의 이혼으로 상처가 있는 아이로 자랐지만, 엄마가 되고 자기 앞의 생을 당차게 살아가는 딸의 모습은 아름답고 당당하게 보인다.

일을 끝내고 샤워를 한 뒤 소파에서 책을 읽고 있는 내 곁에 딸이 앉으며 하는 말.

"엄마 나 잘했지? 근데 힘들어." 하며 내 어깨에 머리를 기댄다.

"그래, 딸 잘했다. 힘들 땐 언제나 엄마의 어깨에 기대어 힘들다고 말해."

"피, 엄마가 나보다 더 작고 힘도 없으니까 엄마가 내 어깨에 기대서 힘들다고 해."

지금 돌아보면 그 힘든 세월 어린 딸이 가족이라고, 서로 기댈

여윈 어깨를 내어주며 살았다. 버팀목이 되어 주었던 딸의 존재가 새삼 내 생을 빛나게 한다. 삶의 무게를 느낄 때마다 내 곁에서 엄마에게 위로의 말을 건네던 자상하고 고마운 딸이 자랑스럽다.

나에게는 참 소중한 보물들이 많다. 딸이 어머니날과 생일날 해마다 잊지 않고 준 카드와, 문우들 이웃들이 사랑 담아 보내준 카드들로 예쁜 상자가 가득하다. 지난해 받은 카드에는 이런 글이 적혀있었다.

－엄마의 웃음소리, 엄마의 편안한 목소리, 엄마의 지혜로운 말, 엄마의 따뜻한 느낌, 엄마 사랑해. 오늘 어머니날에 축복해요.

해자가 헤로, 한글 맞춤법은 꼭 한두 개씩 틀린다. 그림을 잘 그리는 딸이 그린카드로 해마다 엄마를 행복하게 한다.

지금도 잊을 수 없는 1997년, 어머니날에 딸에게 받은「어머니」란 시와 그림이 있는 선물은 무한 감동으로 내게 보물이 되어 남아있다. 여기 딸이 15살에 쓴「어머니」를 함께 나누고 싶다.

어머니 / 임재린

제가 슬퍼할 때면 언제나
어머니는 제 곁을 지켜주셨죠

제 눈물을 닦아 주시며 말씀하셨어요

"오늘은 그저 좀 좋지 않은 날일 뿐이란다"

제가 화가 났을 때는 언제나

어머니는 제 곁에 계셔주셨죠

부드럽게 저를 다독거려 주시며

말씀하셨어요.

"곧 다시 좋은 날이 올 거야"

제가 행복할 때도 언제나

어머니는 제 곁에 함께 하셨죠

미소 지으시거나 때론 크게 웃으시면

말씀하셨어요.

"엄만 네가 참 자랑스럽구나!"

오늘 어머니날 이처럼

제 모든 존경의 마음을 드립니다

사랑하는 어머니, 당신께

이 세상 둘도 없으신 어머니, 당신께!

늘 영원히 당신을 사랑하는 딸 재린.

이 시는 영어로 쓴 것을 문우 안민성님이 번역했다. 사랑이 다 복다복 내리는 우리 집 우리 가족 이제부터 행복하자. 슬픔이여 안녕!

아름다운 시연(詩緣)

　우리는 9·11이 일어난(2001년) 그해 11월 샌프란시스코 어느 문학상 시상식 때 처음 만났다. 한국에서 온 그녀, 텍사스 킬린에서 온 나. 우리는 한 방에 배정되었다.
　나이 차이가 19년이어서 첫 만남부터 우리는 어울리지 않는 사람 같았다. 모임의 하루 중, 샌프란시스코 금문교를 지나 바닷가 카페 앞에서 우리들은 즉흥시 짓기를 하였다. 서투른 감성으로 나도 한 편의 즉흥시를 지었을 것이다.
　여러 사람의 시를 듣고 난 후 별 감흥 없이 앉아 있던 나는 그녀가 낭송하는 즉흥시를 듣는 순간 나도 모르게 그녀에게 빠져버렸다. 마치 금문교 다리 아래 푸른 바다에서 막 건져낸, 퍼덕이는 생선 같은 시에 매료됐다. 나이 차 때문이었는지 아니면 서울과 미국의 거리 때문이었는지 우리는 조금 어색하게 2박 3일을 함께 보낸 뒤 서로의 주소를 주고받으며 헤어졌다. 그리고 시간이 흘러갔다.

다음 해 3월 어느 날, 기대하지 않았던 봄날이 문득 가슴을 두드리듯 시집 한 권이 한국에서 날아왔다. 『하늘 씨앗』이란 시집. 잠시 잊고 있었던 그녀의 첫 시집이다. 시집을 펼치는 순간 나는 다시 그녀를 만난 듯 시에 함몰되었다. 첫 만남의 순간이 떠오르고 그때 느꼈던 미세한 떨림이 다시 살아났다. 시집 속의 시들이 다시 나를 휘어잡고 있었다.

두 번째 시집 『열목어』를 받았을 때 나는 열목어 시에 깊이 찔렸다. 김송배 시인은 해설에서 영혼과의 교감 자아 성찰이 체질화된 시의 표상, 이라고 했다.

이슬

정교한 빛 저 진주 떨기는

고운 천사들의 하루 치 양식인가

아님

우리들의 生을 꽃피우게 하는

모든 슬픔의 과즙인가

오, 행복한 후에

흔적 깨끗한

한 방울의 겸손이어라

내일이면

진실함으로 다시 일어설

나의 맑은 평화여

- 『열목어』 시집 68페이지 수록

이렇게 좋은 시 한 편의 값을 매긴다며 얼마일까? 시가 나의 혈관 속으로 들어와 내 피를 청정하게 하는 그 값은 도대체 얼마일까?

경제학상의 일억은 그냥 일억일 뿐 나에게 큰 의미를 부여하지 못한다. 그녀는 전화로 가끔 나에게 새로 쓴 시 한 편을 읽어 줄 때가 있다. 전화기 너머에서 들려오는 그 시가 너무 좋아 내가 그 시를 산다. 편지 속에 넣어 보낸 적은 돈 $20. 우린 그렇게 사이가 좁혀졌다.

『죽서루』. 그녀의 세 번째 시집이다. 삼척이 고향인 그녀는 삼척 계관 시인의 칭호를 받을 만큼 삼척 예찬의 시집을 냈다. 죽서루는 관동팔경에 속하는 삼척이 있는 정자인데 십오천을 끼고 절벽에 지어진 풍광 좋은 삼척의 자랑이다. 죽서루 5편과 두타산 연가 5편 외에 고향을 향하는 마음을 줄줄이 엮어 시집을 상재했다. 시집

149장의 황송한 시 한 편을 헌사 받았다.

사랑의 빚
– 텍사스주 킬린 최정임 님께

이 밤
싸아 하고 밀려오는
시린 마음 있어라
어느새 내 깊은 생각 속에
굳은살로 숨었어라
이 한 몸
험한 세상 들고 날 때
뉘우침뿐이더니
또 한 번 사랑에 빚진 까닭에
몸 둘 곳 사뭇 몰라라

 이 시를 받아 읽으며 정말 내가 몸 둘 바를 몰랐다. 시 한 편으로 채워지는 이 풋풋함이란, 천 마디의 말보다, 길고 긴 산문보다 시 한 편에 담겨있는 마음과 마음 이 깊은 교감. 어찌 설명할 수가 없다. 벌써 20년이라는 긴 세월이 흘렀다. 그동안 그녀와 주고받은 편지와 전화는 산 몇 개를 이루고 남으리라.

    그녀가 미국 나의 집에 온다는 소식을 받은 날, 하루 종일 설렘에 일손이 잡히지 않았다. 그녀가 내 초라한 집에 한 달 열흘 머무는 동안 그녀는 내 딸과 이웃들도 스스럼없이 어울리며 마치 오랫동안 알고 사귀어온 친구처럼 함께했다. 그녀가 남기고 떠난 자리가 아직도 허전하고 옆구리가 텅 빈 듯하다.
    그녀가 떠나고 딸은 무척이나 서운해 하였다. 사람이 그리웠던 게지. 전화 속의 낭랑한 목소리와 그리고 사랑의 마음이 가득한 안부 편지. 그녀는 여기 머무는 동안 만나고 신세를 진 사람들에게 일일이 다 편지를 보내 감사를 표시했다. 얼마나 아름다운 모습인가.
    "선생님. 노후에 그곳이 불편하면 언제든지 오세요."

    다시 만날 날을 기다린다. 귀한 인연, 김선아 시인은 먼 곳도 지척인 듯 느껴지는 사람. 나에게 소중한 사람이다. 우린 시로 인연을 지었다. 그녀의 시집들이 내 곁에서 나의 슬픔에 오래 위로가 될 것이다.

밥은 생명이다

There's a party in my tummy. So yummy So Yummy.

Wants to go to the Party in my tummy. So Yummy so yummy.

손녀가 밥을 안 먹으려고 하면 딸은 "뱃속에 파티가 열렸어. 빨리 음식을 들어오라고 하네." 하며 밥을 먹인다. 이 얼마나 멋진 발상인가! 세상에서 가장 보기 좋은 것이 '자식 입에 밥 들어가는 것과 내 논에 물들어가는 것'이라 했는데. 예쁜 모녀의 모습을 보고 있노라면 어느새 내 딸이 엄마가 되어 그 행복을 아는 것 같아 뭉클해진다. 8~90년대에는 미국 아이들이 밥을 안 먹으면 '중국 아이들은 먹을 게 없어 배가 고파 울고 있단다. 어서 밥 먹자.' 했다는데 지금은 '중국 아이들이 밥그릇 뺏으러 쫓아온다.'고 한다. 그만큼 중국경제가 미국을 위협하고 있다는 것이 아닐까?

어린 시절. 해가 저물도록 친구들과 뛰어놀다가 저녁 밥때가 되면 나의 허기도 더해갔다. 그 시간이면 어머니가 부르는 목소리만으로도 함포고복의 흡족함을 느끼게 했던 시절이 있었다. 삼시 세끼의 밥, 밥은 가난한 시대에 신성하고 존엄한 것이었다. 외조모는 쌀 한 톨의 의미가 신령하다고 하셨다. 요즘처럼 풍요 속의 빈곤이란 말이 생각되는 때도 없다.

주말에 시식 코너에서 일할 때 손님들로부터 "밥맛이 없다."는 말을 자주 듣게 된다. 물론 연령층은 60대 이후 분들이 대부분이다. "입맛이 없으시면 밥맛으로, 밥맛이 없으시면 찬맛으로 드세요. 아니면, 배고프실 때, 따끈따끈하게 새로 지은 밥은 어떠세요? 그렇지 않으면 좋은 친구를 불러 잔치국수라도 함께 드시고 아니면 별식이라도 만들어 드시지요."

지난가을 고국 방문 때 별미 별식이라는 입맛 돋우는 음식들을 많이 먹었다. 나에게는 별처럼 다정한 친구들과 한 상에 둘러앉아 먹었던 훈훈한 밥이 별식이었고, 어머니 밥상을 기억하며 먹었던 언니와의 밥상이 별식이었다. 그 중 기억에 남는 잊지 못할 별식 몇 가지를 나눠볼까 한다.

경북 영양군 수비면 수하리, 은둔지 같은 수하계곡에서 삶의 터를 일구고 사는 친구 집에서 한 주일 머물다 왔다. 삼시 세끼를 한

끼도 거르지 않고 차린 밥상 앞에서, 먹는다는 것에 불굴의 의지를 보였다.

'1송이 2능이'라는 말이 있다. 친구는 미국서 온 나를 위하여 깊은 산을 헤매며 송이를 채취하여 요리를 만들어 주었다. 입안에 스미는 짙은 송이 향은 나를 신선이 되게 하였다. 된장찌개 하나를 끓여도 뒷산에서 바로 딴 표고를 넣으니 찌개 하나만으로도 최고의 밥상이 되었다. 그녀가 매끼 차려 주는 자연주의 밥상이 내겐 별식이었다.

입맛에서 지워지지 않는 별식은 황태정식이었다. 속초에 사는 친구가 나를 조촐한 한 식당으로 데리고 갔다. 꾸밈없고 소담한 '미가'라는 한옥이었다. 아! 밥상을 받고 눈으로 먼저 맛을 보았다. 첫눈에 미감을 확인했다. 내가 마치 미식가가 된 것 같았다. 황태정식에 따라 나오는 황태 설렁탕. 들어 본 적도, 먹어 본 적도 없던 그 맛의 마술에 걸리고 말았다.

황태찜과 황태 조림, 황태포 무침, 도라지무침, 김치의 비범한 맛까지 어우러진 밥상은 예술이었다. 한 가지도 맛이 도태되는 것이 없다. 주문진 황태 덕장에서 겨울 찬바람과 눈비에 얼었다 풀어지기를 반복한, 바람의 넋이 고스란히 스민 황태. 동해의 겨울이 속속들이 황태에 스며있다. 해풍의 그 질기고도 알알한 깊은 한

(寒)기를 풀어 놓은 구수한 황태 설렁탕. 가마솥에 장작불을 피워 황태 몇 짐을 넣고 밤새 끓여서 나오는 게 비법이란다. 가격도 얼마나 착하던지. '설악 문화원' 앞에 자리한 작은 한옥 '미가'의 황태 별식을 잊을 수 없다.

해가 기울 무렵에 도착한 봉화 마을, 古 노무현 대통령의 생가와 무덤을 찾았다. 비일상적인 장소인 만큼 그 많은 노란 염원들은 사라지고 풍경만 남은 그곳에 해 질 녘의 경건함이 머물고 있었다.

친구와 둘이서 그곳을 둘러보고 비감에 잠겼다. 어두워지자 길을 떠나 진영 시외버스터미널 부근에 찾아 들어간 곳은 김밥 전문 식당이었다. 우엉 김밥과 돈가스 김밥이라니? 우리가 냄비우동과 함께 시킨 그 집의 김밥은 독특한 맛이었다.

지금까지 먹어 본 김밥이 딱딱한 고정관념의 덩어리였다면 이 집의 김밥은 김애란의 소설처럼 내 인생 최초의 기억 같은 기발한 광고 같았다. 튀긴 돈가스와 야채를 말은 돈가스 김밥은 먼 곳에서 온 나를 폭 감싸 안아주었다. 아무리 맛있는 별식이라도 비싸면 부담스러운데 만원에 냄비 우동까지 곁들여 주니 착한 가격에 일석이조가 아닌가.

고국 여행의 별미와 별식은 눈물이었다. 부산에서 깨 벗고 뛰어

놀던 고향 친구 집에서 하루 묵었다.

"이 문디 가시나야, 니 온다고 엄마 솜씨로 만들었다, 아이가"

밥상에서 짠 눈물이 나왔다.

생 미역무침, 그 갯내음의 상큼함은 오영수 문학의 최고 걸작인 『갯마을』향이다. 경상도식 곰피(다시마)를 액젓으로 양념한 쌈밥, 톳나물 두부무침, 엄마표 감주는 생강즙을 넣어 톡 쏘는 듯 달짝지근하고 뽀얗고 순한 단맛의 식혜였다. 식탁 위에 자갈치 아지매의 비릿함과 친구의 사투리에 나는 그만 먼 시간 여행자가 되었다. 연어가 강을 거꾸로 거슬러 올라가는 이유를 이제 알 것 같다.

별식과 별미에는 이렇게 드라마틱한 사연과 추억으로 더 애잔하게 혀 속 감칠맛을 느끼게 한다. 이제 아무리 먹고 싶어도 먹을 수 없는 별식 한 가지를 곁들여본다.

우리 집 별미인데 가마솥에 밥을 다 퍼내고 나면 누룽지에 쌀뜨물을 붓고 끓이는 뽀얀 뜨물 누룽지 숭늉이다. 추운 겨울이면 바가지에 담아온 그 별미, 구수한 보리밥 숭늉. 훈김 서린 그 풍경 뒤에서 계시던 젊은 엄마가 그리워진다.

이제 별식을 담은 그릇 이야기로 마무리를 지을까 한다. 주차공간이 없어 온 골목 돌다 간신히 주차장을 발견하여 들어간 삼청동의 어느 식당. 식단 차림표를 보니 최저 가격이 이만 오천 원이다. 우린 울며 겨자 먹기로 황태정식을 시켰다. 밥상이 나왔다. 그릇의 품위가 맛을 압도하는, 방짜유기 안성맞춤이다.

  12첩 반상에 담겨 나온 음식 맛이 별미가 아니라 음식을 담은 그릇이 별미였다. 안방마님이라도 된 듯 천천히 그릇을 음미했다. 외국인들이 방짜유기가 진열된 진열장 앞에서 호기심으로 신기한 듯 바라보고 있다. 행복한 밥상 앞에서, 한국 주방문화의 고품격을 자랑하듯 어깨가 올라갔다. 은은하고 묵직하며 품격 있는 자태에 나도 그만 빠져버렸다. 한국의 고유한 음식을 특별한 그릇에 담아 받은 밥상은 사람들의 입맛을 살리는 데 한몫을 해주고 있었다.

  저녁에 된장국을 끓여 손녀에게 밥을 비벼 주었다. 맛있다고 고개를 끄덕이며 받아먹는 모습에서 나는 입맛과 살맛을 한몫 챙겼다. 밥은 곧 생명이고 나를 공경하는 거룩함이다.

옹알이와 직립

인간은 만물의 영장이다. 인간이 동물과 다르다는 것을 강하게 표현한 말인 것 같다. 인간이 동물과 또 다른 것은 직립으로 걸어 다니며 꿈을 꾼다는 것이다. 손녀 가은이가 자라나는 모습을 보면서 사람으로 태어났다는 것에 대한 경이로움을 느끼는 순간들이 많다.

9개월이 되니 아기가 아닌 아기 어른 같다. 가은이는 세상과 마주하는 것을 가족들로부터 배우게 된다. 집 안의 풍경과 장난감, 만나는 사람들, 보고 듣는 소리와 감각. 가은이는 선풍기의 바람과 유리볼에 담긴 불빛을 쳐다보느라 정신이 없다.

이제 어떤 사물을 인식하고 가족을 알아보고 자기 의사를 분명히 밝히기도 한다. 이유식을 먹다가 먹기 싫으면 입을 다물고 고개를 옆으로 돌린다. 기쁨은 이제 미소가 아니라 '아다다다 어버버' 이런 옹알이로 표현한다.

언어의 시작은 단순 명쾌하다. 옹알이는 가은이의 생애 최초의 음악이고 詩고 산문이다. 가은이의 쉴 새 없는 옹알이로 집 안에 생기가 돈다. 이제 붙잡고 일어서려는 동작으로 쿠션을 잡고 안간힘을 쓴다. 놀이기구를 잡고 세워두면 혼자 서서 신이 나서 옹알이를 하다 쓰러지기도 한다. 넘어지면 짧은 울음으로 불편한 신호를 보낸다.

가은이 별명은 '5초 빵이다.' 5초 안에 울음을 그치기 때문이다. 서 있는 것에 대한 재미를 느꼈는지 늘 서 있으려 한다. 앉아있으면 요리조리 엉덩이를 돌려서 영토를 넓혀 재산권을 확보한다.

여기저기 흩어져있는 장난감을 보니, 누워있는 때가 지났나 보다. 앉아있는 시간대도 조금씩 밀려나 간다. 오늘 드디어 워커가 왔다. 워커에 앉혀놓으니 발이 아직 땅에 닿지 않는다. 그래도 그렇게 즐거운가 보다, 가은이는 새로운 세상에 진입해 행복한 옹알이로 자기를 표현한다.

"가은아. 할머니는 앉고 싶고 눕고 싶은데 그렇게 좋아? 세상 끝날 때까지 얼마나 서 있어야 할지 너는 모르지."

서서 하는 시식 일을 하고 오면 발바닥이 아프다. 서 있는 사람들의 발의 사역을 너는 알 수가 없지?

"한비야처럼 지구를 걸어서 한 바퀴 도는 여행가라도 되려니."

내 손녀 가은이는 자연의 대지 위에서 맘껏 뛰놀며, 자연과 친화하며 살아가는 공기 속에 놓아두고 싶다. 저렇게 직립을 꿈꾸는 가은이를 보면 생애 서 있는 시간들이 얼마나 많았는지.

걸어가고, 서서 일하고, 산책하며 걸어온 지난 세월을 기억해 본다. 갈 곳을 가고, 가야 하지 않을 곳을 가기도 한 나약한 나의 직립을 생각하게 된다. 가은이가 세상을 향해 자신의 길을 한 발 한 발 선한 걸음으로 두려워하지 않고 갔으면 한다. 세 살이 되면 한글학교에도 보낼 것이다.

한글의 이치를 배우고 할머니와 소통하는 가은이를 상상해 본다. 잠자는 시간 외에는 쉴 새 없이 옹알이를 한다. 생애 첫 신의 말(방언)을 하고, 시를 노래하는 음유 시인 같다.

무지개색으로 채색된 저 고고한 원시의 소리. 가은이의 생애 최초의 일어서려는 의지, 쓰러지고 넘어지는 반복의 투지, 새로운 것에 대한 호기심, 동요를 틀어주면 신나는 흔들거림, TV 어린이 프로에 대한 재미있어 하는 표정, 참으로 유연하고 부드러우며 가여운 몸이다.

걸음마를 위한 무수히 넘어지는 과정에서 홀로 선다는 것은 이제 9개월이 넘은 가은에게는 큰 난관이다.

한 생을 살아가면서 수 없이 넘어져 말문이 막혀도 지금처럼 명랑하고 따사로운 가슴의 아이로 자라나라. 반짝이는 유희와 옹알이가 이 할머니에게 새로운 인생의 명약이 되어주는구나.

딸을 키울 때는 몰랐던 많은 일들을 알게 되고, 가은이와의 교감으로 다시 생의 최초를 배우게 된다. 할머니는 이제 세포가 하나하나 죽어 가는데 가은이와 노래하고 춤추고 말하며 다시 세포가 새롭게 되살아나는 느낌이다. 태어나서 자라고 죽는 이 생성의 과정을 생각하면, 손녀와 할머니와의 만남도 봄날 꽃과 나비같이 이승에서의 잠깐 만남이 아닐까 한다.

가은이의 낮잠 시간에 이 할머니도 잠깐 봄꿈을 꾸듯 졸음에 기대다 깨어나니, 인생은 결코 허무한 것만은 아니라는 것이 느껴진다.

알록달록 세상

아기 손녀의 빨래를 한 아름 안고 와서 햇살 냄새를 맡는다. 뽀송뽀송한 순면의 감촉이 아기 살결처럼 느껴진다. 하나하나 손으로 펴서 정리한다. 위아래로 붙은 단추 세 개로 마무리되는 원터치의 아기 옷들. 밍크로 된 작은 이불, 앙증스러운 장갑과 양말, 면으로 된 얇은 이불의 평화로운 색감들, 예쁜 디자인과 고운 색깔들로 만들어진 수건들, 그리고 여러 동물 그림들로 앙증맞게 만들어진 옷들이 마치 파스텔 톤으로 그린 그림들 같다.

분홍에서 연두 노랑 등 형형색색 아름다운 색깔들로 이루어진 꽃밭 같다. 세상에 속해있다지만 아직 세상 너머에 사는 가은이. 알록달록 예쁜 옷을 만지는 이 시간은 정말 행복하다. 가은이의 빨래에 얼굴을 파묻으면 마치 태초의 그 순수하고 때 묻지 않은 자연으로 돌아갈 것만 같은 느낌이 든다.

가은이의 세상은 온갖 작은 것들의 천국이다. 아하! 이리도 작은 것들로부터 시작하는구나. 이 알록달록한 고운 천들이 모여 하나의 세계를 이루고 아기를 감싸며 보호하는구나. 티끌 하나 묻지 않은 아가의 마음처럼, 깊고 맑은 호수 같은 동공 속 눈빛처럼, 말랑말랑한 피부와 작은 입술처럼, 아기의 세상은 온통 예쁘고 작은 것으로 이루어져 있다. 아기를 키워보지 않은 것도 아니면서 새삼 딸을 키울 때 느껴보지 못한 새로운 감동에 젖는다.

아기의 울음도 이제 분별하게 된다. 배가 고파 우는 울음은 애절하다. 배가 고픈데도 앙앙하고 크게 운다. 인간의 본능을 호소하는 그 맹렬함은 바로, 살아있다고 자기를 알리는 존재의 신호이다. 기저귀가 젖어서 불쾌할 때는 울음소리도 젖어있다. 아플 때의 울음은? 아직 가은이는 아프지 않아서 잘 모르겠다. 잠이 와 투정하는 울음은 응애응애 하면서 울음의 여운이 약하고 길다. 이 모든 분별은 아기와 함께하는 시간으로 알게 된다.

솜사탕처럼 부드럽고, 방금 나온 흰 가래떡처럼 말랑말랑하고, 물처럼 유연하고, 혼자 할 수 있는 것은 오직 마른 울음을 우는 것뿐이다. 자고 먹고 똥오줌 잘 싸는 일이 아기에게는 최고의 건강함이다.

아기의 온갖 자잘한 일상을 보면서 그런 것들이 마냥 새롭고 신기하기만 하다. 가은이는 우유를 먹고 난 후 등을 쓸어주며 소화를 도와주어도 곧잘 먹은 걸 토해낸다. 하루에도 몇 벌의 옷과 턱받이 수건을 버린다. 아기의 손톱은 너무 여려서 깎기가 애처롭다. 가끔 그 손톱으로 자기 얼굴을 할퀴기도 한다. 그래서 장갑을 끼워둔다. 한 생명이 사람이 되어가는 것은 보살피는 어른들의 섬세한 사랑이 없으면 불가능하다.

가은이가 잠들고, 곁에서 책을 읽다 초로의 할미도 그만 잠깐 잠에 빠진다. 할미의 꿈속에서 가은이가 쌍무지개 뜬 들꽃 언덕에서 논다.

할미는 손녀와 이렇게 하루를 교감한다.
"산중호걸이라 하니 호랑님의 생일날이래요."
"숲속 작은 집 창가에 작은 아이가 살았는데"
"곰 세 마리가 한 집에 살아 아빠 곰 엄마 곰 아기 곰"
할미는 신나게 동요를 부른다.

가은이를 안고 있으면 인간은 하느님의 모상임을 느낀다. 아기를 그림으로 말하면 유화가 아닌 파스텔화, 시로 말하자면 정형시가 아닌 알록달록 세상을 그린 동시, 질감을 말하자면 100% 면,

음색으로 말하자면 브람스의 교향곡, 계절로 말하자면 이른 초봄의 순록 잎이 톡! 터져 나오는 순간, 동작으로 말하자면 묵화를 치는 순간의 정적 같고, 아이의 힘찬 울음은 기상나팔 같고, 그와 반대로 활발하게 움직이는 아이의 팔다리는 맑은 시냇가 숭어가 힘차게 유영하는 모습 같고, 꼬물꼬물 작은 원형을 이루며 춤을 추는 이사도라 덩컨의 세계다. 방싯거리는 미소는 가히 사람의 마음을 휘어잡는 대문호의 문장같이 가슴을 어루만져 준다. 아기의 똥은 물감 풀어놓은 듯한 연한 풀색의 진흙처럼 무언가 빚고 싶어지는 도공의 마음이 되게 한다.

이민자의 2세가 되는 가은이에게 할미는 대한민국과 한글을 깊은 문신처럼 새겨주고 싶다. 할미가 살아있는 동안 한국적 수려한 채색으로 꿈을 키워주고 싶다. 할미의 마지막 꿈은 가은이가 자라 한글학교에도 데려가고, 할미와 엄마의 나라는 아름다운 사계절이 있다고 이야기도 해주며, 한글은 세계에서 제일 멋진 글이라는 걸 가르쳐주고 싶다.

이른 봄에 막 고개를 내미는 새싹 같은 가은이를 보고 있노라면 이 할미도 우중충한 늙은이가 아닌 알록달록한 할미로 천진하게 늙어가고 싶다.

짧은 글 두 편

봄이 내 앞에

티브이를 켜니 EBS 어린이 방송에, 나무가 감기에 걸려서 어린 동물들이 봄을 불러와 나무의 감기를 낫게 한다는 참 아름다운 프로가 나와 손녀와 함께 보았다.

세수하길 싫어하는 손녀에게 "가은아 세수할 때 안 울면 나무가 감기에 안 걸려서 봄이 빨리 올 거야." 그러니 손녀는 그만 울음을 그치고 로션까지 바르는데 그 한마디에 약효를 보았다. 2살 7개월의 아이는 참으로 영민하지 못하고 순수하다.

지난주 바람이 수상하게 불더니만 앞집 아가씨 꽃에 진홍빛 망울이 맺혔다가 오늘 아침 기어이 환하게 몇 망울을 터트려 놓았다. 손녀와 차를 타기 전에 꽃을 보려고 길을 건너다가 새들 몇 마리가 휘리릭 공중을 날아가는 모습에 "하은이 우리도 하자." 하며 손녀는 팔을 펴고 "하은이" 하며 돌다 넘어졌다. 하은이는 손녀가 할머니를 호칭하는 말이다.

손녀는 나를 올려다 보고 "하은이 나무가 감기 들어." 하고 나를 쳐다보다 표정을 바꾼다. 아! 이 감동은 저 꽃보다 아름답고 황홀하다. 손녀의 감성이 내 아마의 주름살을 펴 준다.

차를 몰고 데이케어에 도착했다. 아이들은 다투어 나에게도 다가와 "그랜마" 하고 허그를 하고 바이 바이를 한다. 아이들은 사랑을 먹고 자란다. 사랑받고 사랑하며 사랑의 소통이 아이들을 자라게 한다.

유아기의 유약하고 홀로 아무것도 할 수 없을 때 버림받는 아이들이 있다. 한국에는 베이비 박스가 있는데 아이를 낳아서 버리는 곳이다. 딸이 인터넷에서 보고 그 놀라움과 경악을 금치 못한다. 우유와 옷을 보내고 싶다고 하나 소포 값이 만만치 않으니 돈으로 보내자고 했다. 가난은 나눌 수 없을 때 가난한 것이다. 적은 돈이지만 딸과 나는 $100 차출해서 그곳에 보냈다. 우편 속달로 부쳐 놓고 보니 너무 적은 돈이라 마음이 아프다.

봄은 아이들의 물방울 튀는 듯한 웃음소리가 들린다. 장난치며 넘어지고 일으켜 세우고 그러다 아이들이 낮잠을 자면 새록새록 숨소리까지 모든 것이 봄이다. 봄 아가씨는 살며시 천지에 봄 향기를 퍼뜨리며 오고 있다. 찬란한 슬픔의 봄이 아닌 찬란한 기쁨의 봄이.

금쪽같은

    금붙이 하나 없는 내게 요즘 금쪽이 생겼다. 세상 어디에도 있는 칠순의 할머니들이 대부분 공유하는 금쪽이다. 금쪽은 두 개의 이름으로 불린다. 한글 이름은 가은이, 영어 이름은 메를린. 내 사랑스러운 금쪽은 오늘이 만 2살 9개월이다.

    요즘은 부쩍 한국 동요로 '곰 세 마리'는 물론이고 '나비야'까지 열 곡 정도를 잘 부른다. 한국말도 유창하다. EBS 방송 어린이 프로그램을 보며 애국가까지 흥얼거린다. 우리의 소통이 봄바람이다. 샤워를 하고 나오면 할머니의 파마머리를 보고 금쪽은 "하은이(할머니) 머리 고수머리." 하고, 나는 "가은이 머리도 곱슬머리." 금쪽은 엄마를 보고 "엄마 머리 생머리." 한다. 딸은 긴 생머리다.

    데이케어에 갔다 오면 한 오백 년 만에 만나는 사람처럼 달려와 안긴다. "하은이" 하고 곧 숨이 넘어갈 것같이 폭 가슴에 안기며 안도한다. 그때 금쪽은 하은이의 강아지가 된다. 가슴이 포근포근해지는 옛날이야기 책을 읽어주고 하하 호호 함께 웃고, 가슴이 콘다 콘다(콩닥콩닥)하는 발음은 미숙해도 손으로 가슴을 두드리기도 한다. 금쪽과 나는 떼구르르 구르고 벌떡 일어나고 훨훨 날고 하며 한바탕 집 안의 모든 것들을 깨우고 흔들고 펼치면 살아나는 장난감 가게가 된다.

기어코 나는 토요일에 응급실까지 다녀오는 법석을 떨었다. 오른쪽 가슴을 아파하니 화장실 휴지통 위로 올라가서 까치발 들고 바셀린을 꺼내 와서 "하은이 약 발라." 하며 만병통치약인 양 바르길 조른다. 근심 어린 얼굴로 바라보다 "하은이 아파." 하는 그 모습에 가슴이 콩닥콩닥했다.

아침에 일어나며 배꼽 위에 손 얹고 깊이 머리 숙여 인사, "하은이 잘 잤다."가 인사말이다. 아침 햇살처럼 싱그러운 미소와 유연한 몸놀림이 맑은 물에 뛰어노는 숭어 같다. 자석의 양극처럼 어제의 힘든 일들이 살아내기라면, 오늘의 달콤함은 금쪽으로 살아가는 이 유연성이 있기에 인생의 무게는 공평한 것이다.

무거움도 가벼움도 다 녹아 물이 되어 흐르듯 금쪽의 말랑말랑한 그 유연함과 튕겨오는 찰랑거림, 내게 이 모든 것이 사실이라는 것이 신기하다. 사랑이 묘약 되어 나는 아픔을 털고 일어났다. 풀이 바람에 눕다가 바람으로 일어서듯 나는 오늘도 텅 빈 집에서 금쪽의 낭랑한 웃음을 채집하려고 일어선다. 신의 마지막 선물인 금쪽으로 이미 나는 마음이 훈훈하고 봄의 기운이 가득하다.

화투

이민 오기 한 달 전에 민간 화물용역회사에서 찾아 왔다. 이민 짐을 꾸리면서, 그 짐의 주종을 이루는 것은 세 식구의 의식주와 관련되는 것들이다. 그 외에도 책, 목기류, 도자기, 공예, 그림, 다기 등 내 나름대로 소중한 한국적인 것들을 챙겨 가지고 왔다.

그날 어머니가 하시는 말씀이 이것도 넣어두어라. 미국에서 추석 명절 때 형제들 모여 화투 치면서 화목하게 지내라. 그래도 화투만큼 한국 사람이 단합이 잘 되고 쉬운 놀이가 없다 하시며 화투꾼처럼 화투 한 모를 이민 보따리에 챙겨 넣어 주셨다. 그것도 귀퉁이가 조금 낡아서 어머니의 손때가 묻은 것으로… 이곳 생활이 어디 형제들 모여 명절을 함께할 수 있기나 하며, 한가롭게 화투를 칠 시간이 있는지.

지금 생각하면 어머니의 배려가 아마 내가 나이 들어 심심할 때 소일을 하라고 챙겨주신 것 같다. 이렇게 중한 가보 같은 화투 한

모가 있다. 식자들에게 화투 이야기는 교양 없고 비위생적인 것처럼 치부되어 교양인들의 모임에는 금기시된 지 오래인 것 같은데 최 선생님의 『백난봉 열전』을 재미있게 읽으면서 화투 이야기를 쓰고 싶었다.

나는 어머니께 화투를 배웠다. 가을밤에 메주콩을 삶느라 불에 올려놓고 나에게 육백을 가르쳐 주었다. 민화투는 누구에게 배운 것이 아니고 그냥 알게 되었다. 고스톱은 미국 와서 이혼하고 그 적막한 시간에 이웃에 사는 친구가 그렇게 넋 놓지 말고 고스톱이나 배우라고 해서 배웠지만 화투판에 끼일 재능은 없다.

어머니의 화투는 한 번도 형제들의 화목을 도모한 적이 없었다. 딸이 여름방학 때 한국 가서 할머니에게 화투를 배워 와서는 이따금 기분이 울적할 때면 화투를 꺼내 와 "엄마, 화투 치자." 하며 나를 불러내곤 했다. 그리고 명절 때면 오전에는 신문지를 펼쳐놓고 벼루에 먹을 갈고 붓을 잡기도 했다. 지렁이 같은 글씨지만 딸과 나는 하하 호호 하면서 대한민국 설날 등을 쓰기도 하고 오후에는 둘이서 화투를 치며 시간을 보내곤 했었다.

어머니는 시력이 많이 떨어지시면서 독서보다는 화투를 즐겨 만지셨다. 어머니는 노인정으로 원정을 나가 이따금 돈도 따오곤 하셨는데 그럴 때면 나는 어머니의 화투 밑천을 잔돈으로 바꾸어 채워주기도 하였다(물론 한국 방문 때만 가능한 이야기지만). 언니가 미국에 살고 있는 나를 방문했을 때도 밤에는 언니와 내가 민화투를 즐기며, 이 화투가 준 엔틱에 가깝다고 했다. 아직도 화투가 곱게 늙어서 반질반질 윤이 나고, 어머니의 손길을 느낄 수 있다.

2002년 월드컵 때는 화투를 응원으로 쓰기도 했다. 고! 8강을 팔공산, 고! 4강에 송학, 벚꽃, 오동, 비, 화투짝이 등장했고, 쓰리홍은, 황선홍 홍명보 붉은 악마로 홍단을 의미했다. 고스톱은 그때그때의 정치적인 상황에 따라 바뀌기도 했다. 박정희 고스톱, 전두환 싹쓸이 등 정치 풍자가 이어졌었다. 아무것도 할 일이 없을 때 몽골인은 칼을 갈고 중국인은 벼룩을 잡고 한국인은 고스톱을 친다고 한다. 대소사 잔칫날, 초상집에도 곡소리와 함께 고스톱 판이 벌어진다.

이렇게 화투는 한국인에게 대중오락이 되었지만 알고 보면 그것은 일제강점기의 유산 중 하나다. 화투의 기원은, 포르투갈의 카드가 일본의 하나부다로 바뀐 것이다. 축소 지향적인 일본 사람들이 자기 나라에 맞게 만들어 36년간 내선일체를 강요하며 남긴 화투가 이제 한국인의 정서에 맞는 놀이로 정착했다.

<화투의 비광은 버드나무 밑에서 지우산을 쓰고 있다. 요상한 모자를 쓴 채 게다를 신은 바로 그 인물이 일본 헤이안 시대 때 이름을 날린 서예가 오노 도후라는 것은 꿈에도 몰랐을 것이다. 실패를 거듭하면서도 버드나무 잎사귀를 따는 개구리가 불굴의 정신을 배웠다던 오노의 교훈이 그 그림에 숨어있었다는 사실은 더더욱 그렇다.>

오래 독서를 하기엔 시력이 좀 떨어지기도 하고, 어머니가 생각나는 밤이면 어머니 손길이 묻은 화투를 꺼내 패를 뗀다. 그것도 할 줄 아는 것이 꼭 두 가지뿐이다. 화투에서 어머니의 체온이 느껴지듯이, 오래되고 조금 낡은 화투장에서 어머니의 시름을 읽는다. 화투패도 무궁무진하다. 될 것 같으면서도 안 되어 꼬이는 인생처럼 묘미가 있다.

어젯밤 딸아이가 심청이 되어 "엄마 화투 치자." "이제, 언제 엄마와 화투 치며 놀아주지." 선심 쓰듯이 우리는 화투놀이를 했다. 25년이 된 화투가 세월이 가도 상하지 않고 아직도 그때의 어머니처럼 단정하게 늙어서 나의 손길을 기다린다.

* <> 이 부분은 이어령 선생님이 쓰신 책 『축소 지향적 일본』 인용, 2010년.

녹차(綠茶) 이야기

산골 찬 물소리 대밭을 흔드는데

봄볕은 뜰에 핀 한 떨기 매화에 와 있네

아름다운 음악이 이 속에 와 있건만

아쉽다 이 정을 말 할이 없어

몇 번이나 앉았다 일어나

이 뜰을 거니는구나

다산 정약용이 1801년(순조 1년)에 일어난 신유사옥(천주교 박해)에 연루되어 19년간 전라도 강진으로 귀향에서 귤동 뒷산에 초당을 지어 살 때 쓴 시조이다. 위의 시조에서 아득한 절역 홀로 있는 다산의 인간적인 고독을 엿볼 수 있다. 다산은 茶에 대해 이렇게 말하였다.

"茶란 시원하기가 마치 안개를 머금은 듯하다."

茶는 지극히 순하고 고요한 음료에서 우러나오는, 천둥번개 소리가 화랑정신으로 화한 것처럼 다산의 경우는 실학의 집대성을 이룩하게 하였다. 다산(茶山) 정약용과 추사(秋史) 김정희, 초의선사(초衣선師) 이 세 사람을 이조 후기 차의 진인으로 손꼽을 수 있다.

추사 김정희는 1840년(헌종 6년) 윤상도 사건에 연루되어 제주도로 귀양을 가게 된다. 추사는 그곳에서 이루어낸 차서일체(茶書一體) 차시일관(茶詩一寬) 차선일치(茶禪一致)로, 선비로서 유유자적의 예술을 후세에 전하였다.

유배지에 있을 때 대흥사의 차 승 초의로부터 죽로차를 선물 받고 차의 답례로 반야심경 한 질을 써서 보낸 유명한 일화가 있다. 추사 또한 학문과 서화의 바탕에 차도(茶道)가 깔려있다. 추사는 고증학, 금석학, 묵화, 서도에 추사체로 조선 최대의 명필을 남겼다.

초의는 대흥사의 차 승으로, 차로 선을 이룩한 한국 차의 중흥조이다. 문자 그대로 차를 논함에 그를 빼놓을 수가 없다. 초의선사는 15세에 출가하여 19세에 대흥사 고승 완호에게 법을 받았으며 완호와 가까이 지내던 다산 문하에 들어가 다산 초당에서 3년을 수학했다. 다산 초당에는 당대의 석학들이 모였다.

옛 성현들은 모두 차를 좋아하였다. 그것은 차가 군자의 성품과 같이 사특함이 없기 때문이다. 초의에 의하면 차의 원어가 범어(梵

語)로 Argha인데 그것은 시원(始原) 원초(原初)라는 뜻이라고 한다. 불교에 있어서 원초는 곧 무착바라밀(無着波羅密)을 뜻하는데 이는 어느 욕심에도 사로잡힘이 없는 순연한 본래의 마음을 뜻한다. 초의는, 차란 곧 이러한 욕심과 번뇌 이전의 마음 무착바라밀의 경지라고 말했다.

초의는 1828년(순조 28년) 한국 차의 근원지인 지리산 화개동 칠불암에서 유명한 차신전(茶神傳)을 저술했다. 또한 순조의 부마였던 홍성주의 부탁을 받아 동차송(東茶頌)을 저술했다. 이 두 권의 저서는 한국 차의 명저이다.

『문학사상』 창간 초기쯤으로 여겨지는 책에서 차신전과 동차송의 일부를 알기 쉽게 번안한 글을 읽고, 차의 매력에 빠졌다. 젊은 날 차에 대한 취기가 지금 나를 차도에 심취하게 했다. 인사동 고서점을 돌다 『韓國의 茶道』란 해인대학 초대 총장이었던 최범술의 귀중한 책 한 권을 구입했다. 서책 속에는 차의 오묘한 세계가 다 들어있다. 지금 나의 서가에서 고서에 가까운 책이 되어 내 손길을 자주 받는다.

녹차와의 인연은 이렇다. 녹차를 처음 마시게 된 것은, 어머니의 오랜 친구이신 『갯마을』을 쓰신 오영수 소설가의 수유리 자택에 갔을 때 차를 내오셨는데 그것이 녹차였다.

소설가의 방은 유난히 맑은 햇살이 창가 난(蘭) 화분에 머물러있어서 차실 분위를 느끼게 했다. 서가의 책들과 탁자 위의 어지러운 문방사우와 파이프 담배를 피우시던 그 모습이 지금도 기억난다.

녹차의 쌉싸롬하고 달짝지근하던, 그 생경스러운 연록색의 맛은 어린 나에게는 알 수 없는 신비한 음료였다. 녹차를 마실 때마다 오영수 선생님의 『갯마을』『난이와 엿장수』단편들과 그 방의 풍경이 흑백영화의 장면처럼 떠오른다. 녹차는 이제 내 생활의 일부가 되었고 그 맛을 음미하는 경지까지 다가갔다면 누군가가 웃으실까.

녹차는 사월 초순 곡우에 따는 여린 잎이 우전이라는 최상품이다. 그리고 사월 중순에 거두는 것이 세작이라 중품인데 가격이 우전의 절반이다. 세작만 해도 차향의 순도가 높다.

녹차 이름을 설록차라고도 하는데 찻잎 말린 것이 새의 혀와 같다고 해서 생긴 말이다. 끓인 물을 다관에 담아 찻잔을 데우고 다관에 부어 한소끔 식힌 다음 다관에 녹차를 넣고 물을 부어 우려낸다. 차는 너무 뜨거운 물에서는 제맛을 잃는다. 우려진 차를 다시 찻잔에 따라 마신다.

작은 찻잔에 담긴 한잔의 녹차는 잎이 가진 향기와 햇볕 바람과 이슬 흙냄새까지 내주고 더 줄 것이 없을 때까지 제 몸을 낮춘다.

온 우주를 품은 듯 홀로 푸르다. 녹차는 고요하고 깨끗하며 평화롭고 경건하여 차 마시는 나를 더없이 적청화경(寂靑和鏡)의 시간으로 돌아가게 한다.

녹차는 밤이 깊어 적막할수록 제맛이 절정인 것 같다. 녹차를 마실 때는 객이 적은 것을 으뜸으로 친다. 객이 많으면 아취가 적다. 혼자 마시는 것을 신(神)이라 이르고 두 객은 승(勝), 서너 객이면 취(趣), 다섯 여섯이면 핍(乏)이라 한다. 차도, 차선, 차례 이 모든 것 또한 삶의 질을 높이는 선조들의 삶이 배인 멋이 아닐까?

이민 와서 잠 못 이룬 불면의 밤, 홀로 신이 되어 녹차를 마신 시간이 그립다. 요즘은 차를 마실 시간이 없다. 나만의 시간을 만들어 찻상을 차린다. 오랜 옛 친구를 만나듯 다구를 꺼내어 물을 끓인다. 녹차 한 잔에 고요가 잠길 때면 내 삶을 반추해 본다. 갈수록 글쓰기의 어려움을 느낀다. 생활 자체가 바쁜 탓만도 아니고 시력의 저하만도 아니다.

글 쓰는 자체는 일상의 유혹을 버려야 한다. 독서와 습작 그리고 자신의 껍질을 벗기는 진실 그 자체가 되어야 한다는 사실에, 접근할 용기가 없기 때문인지도 모른다. 글이 써지지 않는 밤이면 산사에 들어온 듯 적요에 빠져 차를 마신다. 한 모금의 녹차를 마시며 느리게 다가오는 이 유순한 기쁨, 마치 초의선사와 마주 앉은듯하다.

5부

책 한 권과의 놀이는 최적의 온도, 최고의 타이밍

*5부 15편은 뉴스 코리아 '최정임의 책사랑 이야기' 북 칼럼 중에서 선한 것이다.

독서, 그 즐거운 지적 탐험

삶의 문제가 예전처럼 명료하지 않다. 생활의 여러 차원에서 세분된 이 시대는 정보산업 시대라 할 수 있다. 빠르게 확산되어 하나로 묶기 어려운 다양한 문제 속에는 출판문화도 그 한몫을 하는 것 같다. 생활수준이 의식주 문제를 뛰어넘어 문화라는 지적 욕구를 충족시키기 위하여 다양한 형태의 문화산업이 개발되고 있다.

고학력 주부들이 늘어나고 전문적인 분야까지 아마추어들이 프로의 경지를 추월하는 시대가 왔다. 개성 있는 자기표현 특히 문학의 경우에는 여러 장르에 도전하여, 등단의 길을 모색하고 자비로 책을 출판하기도 하여 책의 홍수를 이루는 시대가 되었다. 미국에서도 우리글의 매개체가 수없이 많다.

신문, 잡지, 라디오, 주마다 큰 도시에는 대형 한국 서점과 인터넷 서점들이 경쟁이다. 매일 수많은 인터넷 속에 매몰되어 정신이 혼란할 때가 많다. 그럼에도 불구하고 늘 무언가에 갈증을 느끼고 모자라 한다. 채워도 채워지지 않고 한국인의 체질에 맞는 감정과 정서가 담긴 문화적 체험을 원하게 된다. 이번 여름 가장 한국적인 의미가 담긴 양서 몇 권을 탐독하였다.

『열하일기, 웃음과 역설의 유쾌한 시공간』 고미숙 저자의 깊은 통찰이 담긴 책을 읽었다. 연암 박지원의 『열하일기』를 쓴 배경과 광대무변한 스케일, 고전문학의 풍자와 해학 넘치는 필치로 독자를 매료시켰다. 연암 박지원은 문체반정을 일으킨 명성만큼이나 파격적이고 그 시대에 파행적인 문장가를 수박 겉핥기식으로만 읽어 온 나를 반성하게 했다.

연암과 운명적인 해후. 열하일기를 읽으면 종횡무진 좌우충돌하게 된다. 허생전, 양반전, 호질, 혹정 필담, 도강록 같은 명문장이 완전히 강도 높은 웃음을 주고 역설의 시공간을 넘나들게 한다. 천재이며 기인인 박지원. 그 시대 반상의 구별이 엄격한데 이 무슨 해괴망측한 양반을 훼절하는 문장인가? 탐험 속으로 빠져들어 간다.

다시 유홍준 교수가 쓴 『완당평전』 1,2,3 세 권을 읽었다. 1권 '일세를 풍미하는 완당 바람'. 세상에 추사를 모르는 사람은 없지만 제대로 아는 사람도 없다. 나도 그중 한 사람이다. 실사구시로 고증학, 금석학의 일인자이며 시, 서, 화 모두 추사를 따를 사람이 없다.

2권 '산은 높고 바다는 깊다'. 추사는 제주 유배와 북청 유배에서 많은 작품을 남겼다. 말년에 과천에서 학문과 서화의 경지를 이루고, 일흔두 살 타계 직전까지 탐구 정신의 정진은 실로 놀라움을 금치 못한다.

추사는 70 평생 벼루 10개를 밑창 냈고, 붓 천 자루를 몽당붓으로 만들었다. 이것은 상상을 불허하는 일화다. 나도 이민 올 때 지필묵을 가지고 왔지만, 그 벼루와 먹은 정초에 딸이 어렸을 때 몇 번 써보고 잊고 살았다. 일 년에 한두 번 꺼내는 이것도 이제 짐이 되는 것이다.

3권은 자료 해제 편으로, 간찰첩과 편지 작품 해설, 탁 묵선과 인장 유품들이 소개되었다. 세 권을 탐독하면서 추사의 주변 인물과 그가 남긴 글씨와 편액, 학문, 사상, 서예, 시, 회화, 불교, 금석학 등을 통해 그의 학문의 융성함을 피부로 느꼈다. 또한 초의 선사와의 다향 깊은 우정. 나는 이번 여름 연암과 추사에 빠져, 독서가 주는 희열과 공부로 내 키가 조금 자란 느낌을 받았다.

이 무식한 나는 추사의 유명한 그림 세한도를 초의 선사에게 차의 답례로 그려준 것이라 잘못 알고 있었는데 이번에, 제자 이상적에게 그려준 것임을 명확하게 알게 되었다.

추사가 삼십 대 중반에 옥류동 계곡 바위에 '송석원'이라 쓴 글씨가 지금의 서울 옥인동 동양화가 '남정 박노수' 화실의 윗집 축대 밑에 묻혀있다고 하는데 그것을 왜 발굴하지 않을까? 친구와 둘이서, 문화적 가치가 월등한 추사의 글을 발굴하길 바라는 마음으로 유홍준 교수께 편지와 금일봉을 보내기도 했다. 저자 유홍준 교수는 "산승해심" 즉, 산은 높고 바다는 깊다. 이 한마디로 추사를 함축하여 말했다. 추사체의 글씨는 전, 예, 해, 행, 초 이 모든 글체를 괴기함과 졸함으로 기(氣)와 음(陰)이 넉넉하고 고르게 가라앉은 비움(허) 속에서 나와야 한다는 것을 강조하였다. 이 말이 이해가 되기도 하고 안 되기도 한다.

추사는 조선 시대 최고 명문가의 자손으로 태어났다. 11년의 유배로 곤두박질을 쳤으나 그의 학문은 더 심오한 서화의 일가와 학문의 집대성을 이루었다.

조선 시대의 4대 명필을 꼽자면 안평대군 이용, 봉래 양사은, 석봉 한호, 추사 김정희를 들 수 있다. 우리나라 역사상의 사대 명필은 신라의 김생, 고려의 탄연, 조선 전기 안평대군, 조선 후기 추사 김정희. 그중 두 명을 들라면 김생, 김정희. 단 한 명 으뜸으로는 추사 김정희를 추대한다.

중국의 명필인 왕희지, 구양순, 소동파, 조맹부, 등기창 그들과 함께 추사도 그 반열에 놓아도 손색이 없다. 거장다운 면모를 거침없이 보여주고 문화유산이 되는 수많은 걸작을 남기고 72세로 생을 마감했다. 추사는 한평생 지식에의 탐구 정신과 예술적 혼신으로 살다 갔다.

책을 덮고 글쓰기에 게으른 나 자신을 채찍하고, 범람하는 글들의 신변잡기와 감상적인 글쓰기에 일침을 가한다. 나의 글쓰기 게으름의 허를 찔린다. 이번 여름 동안 연암과 완당을 만나는 사이 어느덧 가을이 성큼 다가와 따뜻한 작설차를 끓인다. (2001년 10월)

그리스인 조르바

참으로 대단한 책이다. 왜냐고? 신을 통하여 구원을 받을 것이 아니라, 우리가 신을 구원해야 한다고 주장한 니코스 카잔카키스가 쓴 책이기 때문이다. 소설은 있을 수 있는 일들을 허구로 만든 작품이다. 그러나 그리스인 조르바는 실제 인물이고 두목으로 나오는 사람은 작가 자신이다.

작가는 자기 영혼에 깊은 골을 남긴 사람은 호메로스, 베르그송, 니체, 조르바라고 했다. 내가 카잔카키스를 만난 것은 70년대 중반 문학사상 해외작가 편에서 처음 만났다. 그 후 70년대 후반에 이윤기 번역으로 초판『희랍인 조르바』에서 처음 조르바를 대면했다. 한 권의 책, 내 영혼에 조르바라는 거대한 불가항력의 희랍인이 문신처럼 남아있었다. 그 후 영혼의 자서전『희랍인에게 이 말을』이라는 안정효 번역의 두 번째 책을 80년대 다시 만났다. 이 두 권의 책은 지금도 내가 소장하고 있다.

79년 9월에 발행한 책은 종이가 35년의 세월로 누렇게 변질되었고, 장마다 밑줄이 쳐진 열혈 독서를 한 흔적들이 여기저기 남아있다. 34년 동안 조르바의 자유가 내 인생에 큰 획을 긋는데 암묵적인 역할과 기여했다.

『그리스인 조르바』 본문 중에 터키인이 학살한 죽은 자 앞에서, 어린 카잔카키스는 아버지에게 묻는다. "누가 죽였나요." 아버지의 대답은 "자유가 죽였어." 였다. 이 싸늘한 한 마디의 의문은, 카잔카키스가 오랜 방황과 고뇌에서 드디어 조르바를 통해 자유에 대한 확신을 얻게 한다. 그 후 카잔카키스는 나에게 자유라는 화두를 강렬하게 던져주었다. 어휘와 운율 비유가 땅에 뿌린 씨앗처럼 둘레를 맴돌며 둘러싸고, 태아에게 영양분을 주듯 희미한 추억들을 되살리고 있다. 기쁨과 슬픔, 웃음과 격렬함이 모두 떠올랐다. 형언할 수 없는 아름다운 문장과 자연을 바라보는 극적인 절묘한 터치와 연금술사같이 부드러우면서도 강한 빛을 발하는 상상력은 독자를 완전히 포획한다.

카잔카키스는 항구 도시 피레에프에서 조르바를 처음 만난다. 조르바의 첫인상은 이렇다.

<냉소적이면서도 불길 같은 섬뜩한 그의 강렬한 시선, 눈동자가 밝고 예리했다.>

　조르바가 말했다. "날 데리고 가시겠소." 멀고 쓸쓸한 해안으로 이 헌털뱅이 영감 친구를 데려가는 것도 나쁘지 않다는 생각에 동의한다. 이렇게 크레타섬으로 조르바와 두목은 함께 떠난다.(조르바가 카잔카키스를 두목이라 부른다.)

　크레타섬에 도착하여 오르탕스 부인에게 거는 수작에서, 조르바의 눈은 끊임없이 구르고 있었다. 온 세상을 끌어안고 싶다는 듯이 조르바는 살아나기 시작했다. 감격한 여자는 다시 한 번 우리 앞에 가슴을 열었다.

　<향수와 노랗게 변색한 연애편지와 낡은 옷이 가득 든 오래된 장롱을 여는 것처럼 다시 열었다.>

　상상력의 필치와 문장이 여기저기에 보석처럼 빛나고 있었다. 두목과 함께 크레타섬에서 일어나는 사건들 속에서, 조르바와 마찰하며 얻는 두목의 자유에 대한 목마른 갈증이 크레타 해안의 파도처럼 밀려들어 온다.

　<쓰레기 같은 책만 잔뜩 집어넣어 놓은 당신 머리가 이해할 턱이 없겠소만······>

　거침없는 조르바의 말이 나의 정곡을 찌른다. 조르바와 두목의 이야기 속에서 끝없이 이어지는 새롭고 신선한 문장들은 요즘 새

로운 글쟁이들과는 차원을 달리한다. 아무리 애를 써도 카잔카키스에게는 안 통한다. 벌써 그가 다 써버렸기 때문이다.

조르바라는 이 헌털뱅이 영감의 육체적 열정과 정신의 단순함, 매일 바라보는 바다와 꽃이, 풀이, 여자가 그리고 시시각각 아름답고 신비스럽게 빛나 보이는 조르바 만의 영감(靈感)은 어디서 오는 것인지. 조르바를 바라보고 있는 나에게도 어떤 사물을 보는 느낌이 새롭게 다가올 것 같다.

크레타섬에서 광산 사업을 실패하고 조르바와 두목은 해변가에서 춤을 춘다.

<조르바는 공중으로 뛰어올랐다. 팔다리에 날개가 달린 것처럼 바다와 하늘을 등지고 날아오르자 그는 흡사 반란을 일으키는 대천사 같았다. 조르바의 춤을 바라보며 나는 처음으로 무게를 극복하는 인간의 처절한 노력을 이해했다.>

이 문장은 니힐리즘의 극치가 아닌가 하고 나는 무릎을 쳤다. 우리도 실패와 좌절의 시간에 춤을 추자. 조르바는 이 나이에 다시 나에게 새로운 수혈을 받게 했다.

"카잔카키스야 말로 나보다 백 번은 더 노벨문학상을 받아야 했다."고 알베르 카뮈는 말했다. 2003년 노벨연구소와 노르웨이 북클럽 선정으로 세계문학 100선에 오른 『그리스인 조르바』. 이 책이 그대들의 마음 한 뼘을 헐겁게 해줄 것을 약속하며 술 권하듯 책 한잔을 권한다. 조르바에 한번 취해 보지 않으시렵니까? 두 번을 읽어도 감동은 새롭다. (2014년 4월)

* < > 이 부분은 본문에서 옮김.

이토록 아름다운 약자들

 책 한 권이 나에게 오기까지는 쉬운 일이 아니다. 문화부 기자들의 서평과 새 책에 대한 정보가 되는 글을 관심 있게 본다. 좋은 책(나의 안목)을 만나면 새로운 미래를 만난다. 나에게 독서란 취미가 아니라 숨 쉬는 것처럼 당연히 해야 하는 습관이자 삶의 한 축이 된 지 오래다.

 소설, 시, 수필 같은 순수문학의 장르에서부터 인문학 과학 교양 서적 종교 평전 다양한 분야로 독서를 즐긴다. 그중 『식량의 종말』 『이토록 아름다운 약자들』과 같은 책과 만나기도 한다.

 이 책을 읽으면서 깊은 사색을 통해 인류의 생태적 환경에 자연이 주는 준엄한 질책을 듣고 쓴 저자의 마음을 함께 읽었다. 그리고 생활 속에 이입하기도 한다. 가끔 이런 생각을 한다. 세상에서 가장 싼 가격을 지불하는 것이 책값이라는 생각. 저렴한 가격으로 저자의 깊은 성찰과 학문적 깊이를 단숨에 훔치는 물리적 환산이 책값이다. 지적 정서적 무지를 깨뜨리는 앎에 대한 기쁨의 대가 치고는 너무 저렴하지 않은가. 책 한 권과의 놀이는 무엇과도 바꿀 수 없는 최적의 온도이고 최고의 타이밍이다.

책 표지의 초원에서 놀고 있는 얼룩말 무리들의 표정이 평화롭다. 저자는 아나가키 히데히로. 1968년에 태어나 일본 오카야마대학 농학 연구과에서 잡초 생태학 전공으로 농학 박사과정을 수료하고 시츠오카 대학원 교수로 재직 중이다.

동물의 왕국에서 약육강식의 세계를 적나라하게 보아왔다. 약자들이 강자들의 먹이가 되는 적자생존의 비극은 인간의 삶과 다름없다. 약한 생물들은 어떻게 자연 속에서 살아남을까, 이 책에서 약자의 전략을 배우게 된다. 약육강식의 논리대로라면 자연계에서는 강한 자 강한 유전자만 살아남아야 하는데, 지구상의 수많은 약한 생물들은 어떻게 자연에서 다른 생물들과 더불어 살 수 있는 것일까? 이것이 이 책의 중요한 주제이다.

전략이란 지적 능력이 뛰어난 인간의 전유물이라 생각하는 사람도 있을 것이다. 그러나 지능이 낮은 생물 중에도 놀라울 정도로 고난도의 전략을 구사하고 살아가는 종들이 있다. 그들의 생존법을 파고들다 보면 약자야말로 전략이 강점처럼 여겨질 정도이다.

저자는 갈대를 비유해서 이렇게 말하고 있다.

<파스칼은 갈대를 약한 존재로 비유했다. 바람에 쉬 흔들리고 휘청거리기 때문이다. 단단하고 강한 식물은 물가에서 자랄 수가 없다. 물가에 큰 숲이 생기지 않는 이유는 강한 물살과 바람이 생육을 방해하기 때문이다. 곤충학자로 유명한 앙리 파블로가 쓴『식물기』를 보면 갈대가 돌풍에 쓰러지는 갈참나무에 이렇게 말을 거는 장면이 있다. "나는 너처럼 바람이 무섭지 않아, 부러지지 않도록 몸을 숙일 수 있으니까." 갈대의 줄기 안은 비어있다. 그래서 자유자재로 휘어지면서 큰 저항력을 가질 수 있다. 단단하지 않아서, 키가 커지면 바람이 불지 않아도 휘어질 수가 있기 때문에 줄기 곳곳에 마디를 넣어 보강했다. 이렇게 갈대는 물살과 강풍을 견딜 수 있는 강인하면서도 가벼운 몸을 갖게 된다.>

파스칼은 훌륭한 철학자였지만 식물에 대한 지식이 많지 않았던 것 같다. 위의 글을 보면서 그런 생각이 든다. 속이 비어있지만 부러지지 않기 위해 마디가 있다는 갈대를 깊이 들여다본다. 인간은 채워야 강해진다고 생각한다. 부와 지식을 채우려 날마다 달린다. 쓰러지지 않기 위해 맞선다. 때로는 비워서 가벼운 휘청거림이 인간적일 때가 있다. 세상의 모든 살아있는 생물들은 승자다. 일등만 살아남는 냉혹한 자연환경의 법칙 속에서 어떻게 이 많은 생물들이 존재할 수 있을까? 그 해답이 이 책 속에 있다.

얼룩말은 풀의 끝부분만 싹둑 잘라 먹는다. 소의 천적인 누는 그 아래 풀줄기나 잎을 먹는다. 그리고 사슴의 천적인 톰슨가젤은 지면에 가장 가까이 붙어있는 키 작은 부분을 먹는다. 똑같은 풀을 먹되 먹는 부분을 조금씩 달리해 나누어 먹으며 공존을 꾀하는 형태이다. 가능한 경쟁을 피하고 배려와 상생을 추구하는 것이 약자가 살아남는 길임을 자연계에서 보여준다.

대기업이 골목 상권까지 장악하는 거대 공룡 경제로 약자의 생존을 위협하고 있다. 요즘 심심찮게 뉴스를 장식하는 갑을 관계와 강자의 약자폭행, 욕설과 비하. 그리고 생물의 세계에는 없는 약자의 비굴함도 볼 수 있다.

책의 내용도 재미있고 감동을 주지만 동식물의 삶의 방식이 인간의 삶과 다르지 않다는 것에서 더욱 흥미롭게 빠져든다. 인간인 약자는 어떻게 강자와 동등해질 수 있을까? 부와 명예와 지식으로도 이길 수 없는 것들이 있다. 이 책에서 새로운 전략을 한 수 배울 수 있다.

조건과 규칙을 나 자신에게 유리하게 바꿈으로써, 이길 수 있는 확률을 높이는 전략이다. 약자는 나만의 프레임을 만들어 강자의 기존 프레임에 자신 있게 도전하는 전략을 만들어 가야 한다. 평온한 환경에서는 오히려 서식할 수 있는 생물의 종류가 많이 감소하는 이유가 무엇일까? 환경이 안정되면 환경에 대응하기 위한 노력이 부족하게 되고 결과적으로 서식할 수 있는 생물의 수도 줄어든다. 안정된 환경보다는 불안정한 환경이 더 많은 약자에게 기회를 만들어 준다는 사실을 자연과학 책 한 권에서 배울 수 있다.

이민자들의 삶은 억새처럼 혹 민들레처럼 이 땅에서 꽃을 피웠다. 살아남은 수많은 약자들의 생존방식으로 이루어진, 100년 전 사탕수수밭 이민자들이 살아낸 그들의 삶이 소중하다고 말하고 싶다. (2015년 4월)

님 웨일즈의 아리랑

아리랑은 어떤 노래일까? 아리랑은 이산애수(離散哀愁)의 슬픔을 달래주며 우리를 하나 되게 하는 노래이다. 아리랑은 민족의 정서를 공유한 역동적이며 민중의 애환을 담은 한국의 대표적인 민요다.

광복 70주년을 기념하는 축하공연이 어빙 아트센터에서 9월 20일에 열렸다. '너랑 나랑 아리랑'이란 주제로 일제의 폭압과 6·25 전후 산업화로 치닫는 민주화 시대를 담아 무대에 올렸다. 해방의 우렁찬 북소리와 메스터 코랄 합창단의 '선구자' 합창으로 예술제의 서막은 절반의 성공이었다.

애국가는 무대와 객석 모두가 함께 부를 때 알 수 없는 힘으로 하나가 된다. 농악대가 한바탕 쓸고 지나가고, 전통무용 시 낭송 가요와 팝송 상황극 각 분야의 다양한 재능과 끼로 선조들이 살아낸 삶이 펼쳐진다. 회한과 자조가 희비로 엮인 무대였다.

마지막 무대에서 함께 부른 아리랑은 가슴에 불덩이가 달구어진 듯 뜨거운 전율로 다가왔다. 객석의 관객들이 여한 없이 목 놓아 부른 노래 '아리랑'은 이민자들의 한이 되어 뜨겁다. 이 노래를 부르는 순간 역사 속에 사라진 한 사람이 떠오른다.

아마 조금은 생소한 작가인 님 웨일즈가 쓴 『아리랑』에 나오는 김산이란 조선독립 혁명가. 그가, 뜨겁게 달구어진 내 가슴에 얼음 덩이로 왔다.

『아리랑』을 남긴 님 웨일즈는 미국인으로, 1930년대 격동기에 휩싸인 중국으로 건너가 중국 혁명가들을 취재하며 저서를 남기고, 서방 세계에서 최초로 『중국의 붉은 별』이라는 모택동에 관한 저서를 쓴 에드가 스노와 만나 결혼한다.

그녀는 연안에서 조선독립혁명가 김산을 만나 1937년에 기록한 김산(본명 장지락) 일대기를 소설로 남겼다. 60년대 일본 서점에서 영어 원본 책을 리영희 선생님이 발견하여 한국에도 알려진 책이다.(아마 내 기억이 잘못된 것일 수도 있다.) 이 책은 번역되었으나 군사정부 시절에는 금서가 되었다. 독립유공자였지만 공산주의자인 김산은 유공자에서 제외되었다. 그러다 참여정부 시절에 김산(장지락)은 독립유공자 애국장에 추서되었다.

김산은 1905년 평양근교 자산리라는 마을에서 태어나 불행한 어린 시절을 보냈고, 작은형과 형수의 도움으로 중학교까지 공부할 수 있었다. 1919년 역사적 사건인 삼일 만세 사건이 일어나는 날, 14살의 어린 김산은 정치의식에 눈 뜨게 되었다. 김산은 16세에 집에서 나와 신흥무관학교를 최연소로 졸업하고 이동휘와 안창호의 영향을 받아 나라를 찾겠다고 독립운동 열혈가가 되었다.

요즘 상영한 <암살> 영화로 부각된 약산 김원봉 선생은 1920~30년대의 격동기에 냉정하고 두려움 모르는 고전적 유형의 테러리스트다.

그때 독립 독립투사들이 그러하듯 김산도 단련된 의지와 강철 같은 지각을 갖추었다. 그는 조국을 위한 고결한 정신의 소유자였다. 왜 코뮨 중국 공산주의의 길을 선택했느냐의 물음에 그가 대답했다 "어떤 단체나 사상도 조국 독립에 투쟁해야 한다." 김산은 많은 가명 중의 하나다. 김산의 인생 여정 속 사상과 고뇌를 담은 『아리랑』을 읽으면서 심하게 가슴앓이를 했다. 일본 경찰에 잡혀 고문 당하며 죽는 순간까지 동지들을 지키고 깨끗이 산화한 김산의 못 다 부른 아리랑을 지금 내가 부르고 있다.

젊음과 생명을 조국 광복에 다 바친 이름 없는 님들의 진혼을 위한 축제이다. 오늘의 하이라이트 무대는 박지혜의 춤 '소천무'다.

김산 외 수많은 혼령들이 고문으로 살점이 찢어지고 갈라 터진 육신을 씻고 천도한다. 구천을 떠도는 맑고 깨끗한 그들의 혼을 영도하는 저 소름 돋는 춤사위, 가신님들의 넋이 훨훨 하늘로 소천하고 있다. 박지혜의 춤은 몸의 언어이고 몸이 시를 쓰고 몸으로 제를 지낸다. 그녀는 처절한 조선의 춤꾼이다. 이 밤 사 '소천무'로 광복의 제물이 되신 님들의 혼이 구천을 떠나 하늘로, 휘이휘이 고향 산천으로 부모를 찾아 조국의 품에 안긴다.

모든 분야의 예술이란 어둡고 밝은 조국의 명암이 바탕이 되어야 그 빛이 오래 살아남을 것이란 생각을 해 본다. 내가 세상에 태어나 자라고 교육받고 내게 문화의 옷을 입혀 준 조국, 나에게 조국의 의미는 어떤 것일까?

이민 27년 가시밭길에서 나의 자존심은 모국어였다. 모국어의 깊은 샘을 마시면 비로소 사람으로 살아갈 수 있는 근본이 되었다. 이민 1세 후손들이 살아가야 하는 이 땅에서도 자자손손 조선의 맥박은 이어져야 한다. 후손들에게 조국은 어머니의 나라로, 동방의 작은 나라가 아니라 큰 大 한 나라 韓 백성 民 나라 國 오천 년 이어 온 큰 나라 대한민국이다.

눈에 넣어도 아프지 않을 손녀도 자랑스러운 대한민국의 딸로 이어가길 바라는 마음이다. 김산과 더불어 조국의 이름으로 받쳐진 그들의 이야기를 들려줄 것이다. 아리랑을 가르치고 아리랑의 노래를 부르게 하리라. 아리랑은 단순히 노래가 아니라 조선의 비극적 한의 상징이다. 대한 사람 대한으로, 너랑 나랑 하나 되게 하는 유대감의 힘찬 맥박의 아리랑이다. (2016년 11월)

봄은 서커스의 트럭을 타고

'수필은 청자연적이다.' 이 문장은 잘 알려진 피천득 선생님 『수필』의 첫 문장이다. 수필의 본질을 잘 표현한 문장이다. 사계절 중 삼월이 가장 수필적이란 느낌이 드는 것은 나만의 감성일까? 삼월엔 수필집 한 권을 펼쳐 보려 한다. 아무리 사소한 일도 기록하면 죽지 않는다. 중국 문호 노신은 원래 길이 없던 길을 사람이 다니면 길이 된다고 했다. 내가 다니는 길은 수필로 이어지는 길이 아닐까 싶다.

삶과 연결된 치열한 인문 여행자 연암 박지원의 『열하일기』는 기행 혹은 수필로, 독립된 다양한 형식의 26권이 있다. 옛 선인들 최치원, 이규보, 정약용, 허균 등의 당대 빼어난 고전 수필에는 관조적 시각과 문장의 리듬감이 살아있다.

정약용의 「살구꽃 피면 한번 모이고」는 선인들의 지혜와 풍류를 엿볼 수 있는 격조 있는 수필이라 할 수 있다. 선인들의 수필에서,

시대정신과 실학의 꿈이 영글었음을 알 수 있다. 고전 수필을 읽으면 가야금 가락이 등줄기를 타고 내리는 듯 은은하다.

독서에도 지나친 편식을 불러올 때가 있다. 젊은 시절에는 세계문학전집으로 된 외국소설에 열광했다. 선호하는 책만 읽다 보니 어느새 영양 결핍을 느꼈다. 그쯤에 수필의 매력에 사로잡히게 되었다.

수필가 김소운, 피천득, 법정은 말할 것도 없고 최순우의 「나는 내 것이 아름답다」의 매력은 언어로 빚은 달항아리였다. 소박한 절제미와 수다스럽지 않은 품격 속을 누비고 지나가는 익살, 재치 있는 문장에 반했다.

유홍준의 「정직한 관객」, 이능표의 「농」(이가 만 필)이란 부제가 붙은 수필집, 천양희의 「나는 울지 않는 바람이다」 이런 수필들은 한 문장도 놓치고 싶지 않다. 시인의 내면을 읽으며 투명해지는 내 영혼, 근래 읽은 황현산 교수가 쓴 「밤이 선생이다」에는 한 시대를 다 감싼 듯 묽은 시간이 정지되어있다. 허세욱 수필가는, 수필은 평이한 것에 위대함이 있으며, 쉬운 것과 천박한 것은 엄연히 다르다고 했다. 옛사람이 말했듯 수필은 붓 가는 대로 쓰는 글이다. 그러나, 수필은 좋은 문학 작품이어야 한다.

정성화의 수필집 『봄은 서커스의 트럭을 타고』이 2014년 가을 어느 날 내게 왔다. 겉표지를 두른 화보는 그녀의 사진과 서커스 천막 그림이었다. 또 시선이 가는 것은 중학교 교과서에 수록된 명품 수필집이란 글이었다. 아니 수필이 명품이라니 명작 소설이니 명시란 말은 친숙하지만 명품 수필이란 말은 처음 대했다.

사진 속 그녀는 온화한 중년 여성의 평범한 인상으로 너그럽게 다가왔다. 저자는 경북 왜관 태생으로 경북사대 영문과를 졸업하고 교사생활을 하였다. 그리고 부산일보 신춘문예에 수필로 등단, 현대 수필 문학상을 수상하였다. 수필집 『소금쟁이 연가』 중에서 「동생을 업고」 「크레파스가 있었다」 두 편이 중등 교과서에 수록되었다고 한다.

수필집 『봄은 서커스의 트럭을 타고』라는 제목이 나를 사로잡았다. 175페이지 40편의 수필이 행운유수 같았다. 책을 잡자 바로 서커스의 트럭을 타고 단숨에 달려 시고, 달고, 짜고, 떫고, 매운, 오미의 맛을 깊게 취했다.

책장을 덮고도 오래 글의 여운을 음미했다. 책을 놓을 수가 없었다. 저자의 말에 의하면 서커스에는 세상에 대한 많은 은유가 들어 있다고 한다. 글쓰기란 그런 은유를 풀어내는 일이다. 그래서 글쓰기와 서커스는 서로 닮을 수밖에 없다. 둘 다 허공에 매달려 길을 내는 일이라고 한다. 적절한 말인 것 같다. 목차의 나눔도 서커스

공연 1부로 시작해서 4부로 끝난다. 통 굴리기, 공중곡예 등등으로 나누어져 있다.

수필이 이렇게 편안하고 재미있게 읽어지는 것은 서커스 공연장 매표소 앞에 서성이고 있는 꼬맹이 나를 보았기 때문이다. 이 수필엔 휴머니티가 있다.

"어느 비 오는 날 서커스단 소녀를 보았다. 붉은 리본도 타이즈도 화장도 지운 내 또래의 소녀. 공중그네를 타던 아이가 땅에 두 발을 디딘 채 오도카니 앉아 빗물을 손에 받고 있는 모습에, 가슴을 조이지 않고 그 아이를 보니 내 마음에 쉼표가"

읽는 독자의 마음에도 쉼표 하나, 찍히는 듯했다.

피천득 선생님의 『수필』은 어찌 보면 좀 관념적인 느낌이 들 때가 있다. 저자의 「다시 수필이다」를 읽으면 선명성과 부드러움이 만나 수필의 지경이 넓혀진다는 느낌이 든다. 수필의 재미와 독특한 문장에 그만 푹 빠져 버린다. 심오함이나 무거움이 없다. 가슴에 식지 않은 고향의 따뜻함이 있다. 유년의 가난함을 탈탈 털어다 보여주는 솔직함이 좋다.

"읽고 있으면 어느새 마음 언저리가 따뜻해져 오는 수필, 아랫배로부터 둔중한 통증을 끄집어내는 수필" 이 한 문장이 통쾌하게 수필 문학을 한 수 끌어 올린다.

수필에서 가르치려 하고 비장 강개를 논한다면 읽는 독자는 그 책을 내팽개칠지도 모른다. 「고등어」라는 수필처럼 싱싱한 고등어 글을 만나본 적이 없다. 첫 문장이 "붉은 아가미를 헐떡거리며 즐겁게 내달리는" 이렇게 시작되는 고등어의 등과 뱃살의 대비. "군청색을 띤 등은 눈부시게 흰 뱃살 때문에 마치 '눈 속에 묻혀있는 댓잎'처럼 보인다. 활기차고 명랑한 고등어는 남자 고등학생을 연상시킨다. 쫙 벌어진 어깨, 패기와 와자지껄 몰려다니는 습성까지 그들은 왠지 고등어를 닮았다." "고등어는 고등교육을 받은 생선이라 값을." 여유와 유머까지 합성되어 고등어 뼈만 남아도 당당해 보인다며, 빼앗긴 자가 아닌 베푼 자로서의 여유로움이 장터의 시장감이라는 말로 마무리하는 유쾌함은 그녀만의 문장에 푹 빠지게 한다. 교과서에 실렸다는 두 편 「동생을 업고」 「크레파스가 있었다」는 수작이다. 두 편을 같은 반열에 올리고 싶다.

위에 열거하지 않은 다른 작품에서도 유년에 체험한 가난을 송두리째 드러내는 솔직함이 있다. 언어는 평소 한 사람의 사고의 흔적을 아주 정직하게 나타낸다. 60~70년대의 가난을 누추하지 않게 잘 빚어낸 아린 문장에 들어있는 독자를 미소 짓게 만드는 재미 또한 절창이다.

수필 이론에 "수필은 엷게 들어가서 깊이를 만들어 내어야 한다."는 것이 있다. 정성화의 수필은 유년의 가난과 천륜, 무위와 순응이 가슴을 적신다.

독서의 다양성에는 자신과 다름까지도 수용하게 하는 마력이 있고, 차가운 세상을 바라보는 따뜻한 마음을 가지게 하는 것도 있다. 오월에는 소중한 사람에게 『봄은 서커스의 트럭을 타고』 책 한 권을 선물하고 싶다.

세계가 놀란 우리 옛 그림

이사를 할 때마다 줄이고 줄인 나의 서가에는 아직도 내가 몹시 아끼고 틈틈이 꺼내 보는 귀한 책들이 숨을 고르고 있다.

그중 『세계가 놀란 우리 옛 그림』은 고미술 수집가이신 안덕환 선생의 저서로 컬러 화보에 개인 소장품 민화 모음 책이다. 저자의 사진 기술이 완벽하여 작품마다 생명력이 넘친다. 짧고 해박한 해설과 민화들이 살아 요람에서 툭 튀어나올 것 같은 생동감을 준다. 우리 문화재를 소중하게 담아 책으로 펴낸 저자의 뜻 깊은 민족 문화의 긍지가 들어있다. 이 책은 하버드대학 도서관 한국학 연구 자료로 보관되어있다.

우리의 끝없이 반복되는 일상 속에서 쉼표 하나 멋지게 찍으며 하루를 보내기가 쉽지 않다. 가끔 나의 쉼표는 "여유롭고 익살스러운 우리 것"이라는 명제가 선명한 민화에서 잠시나마 넋을 빼앗긴다.

책을 펼치며 이름 없는 옛 화공의 상상력에 웃음을 날린다. "까치와 호랑이"에는 호랑이를 무서워하지 않는 호기심 많은 까치 한 마리가 잠자는 호랑이를 깨우는 재미난 표현이 있다. 화가의 재치가 넘친다.

길상 짐승인 이들이 서로 공생 공존하는 모습은 권력 앞에 삿대질하는 힘없는 민초들의 모습을 보는 듯하다. 새 나비 꽃 모두가 원색으로 유치찬란하다. 혹여 저승 길목에 죽은 자를 위해 피어있는 꽃이라면 모를까. 화공이 마음 가는 대로 붓 가는 대로 색채의 현란함을 주는 주술적 민화들은 초현실주의의 화풍 같기도 하여 까마득한 시공을 넘나들게 한다. 현대 회화법으로 본다며 '이거야 원!' 할지도 모른다. 도식에 얽매이지 않은 화공들의 자유분방함이 좋다.

용과 호랑이로 대비되는 하늘과 땅의 대결 구도를 문인화의 정통기법으로 시도한다면, 호랑이는 대나무와 난으로 상징되고, 용은 구름과 학으로 상징된다. 격조 높은 해학성을 구사하고 있다고 저자는 말한다.

선비의 북향 방에 놓인 8폭 병풍의 그림엔 꽃과 새들이 노니는 구도가 평화롭다. 연꽃 모란 소나무 학 새 물고기 매화 칠면조 사슴 공작, 특히 호랑이는 익살스러워서 나를 목마라도 태워줄 것만 같다. 자자손손 부귀영화를 상징하는 화려한 모란이나 연꽃은 청초함보다 푸짐하고 화사한 다산의 의미를 더해주듯 요란하다. 대체로 샤머니즘적인 강렬한 색상은 화공을 천시여긴 사회적 상황에서 끼를 색채로 발산하며 그들의 숨결과 존재를 나타낸 것이 아닐까 싶다.

조금 색다른 민화 책거리, 은은하고 온유해 보이는 낡은 색조는 문방사우와 잘 어울려 고요하고 단정하다. 산신과 무녀 또한 무속신앙의 대표적인 민화들이다. 산신령을 비롯하여 삼신, 칠성, 오방신장도, 천신 대감 최영 장군 등 신장들의 모습은 섬뜩함과 냉기를 느끼게 한다.

채색이 화려하고 아롱진 최대한의 주술을 불러 무속신앙의 위엄을 보여준다. 선조들이 믿고 섬긴 대상이며 장수와 복을 빌며 잡귀도 막을 수 있다는 상징적 민화들이다. 무속신앙의 용맹과 남성우위의 근본 사상이 드러나고 용장들의 화려한 의상과 기백은 생명력이 넘친다.

기독교가 발달한 현대사회에서 민화들을 부정하고 거부하는 현상은 잘못 기인된 생각이다. 민화란 한 나라의 백성들 삶이 녹아서 이어온 흔적들이다. 기독교나 타 종교가 이입되기 전에 인간 본래의 신앙이며 자연에 맞서지 않고 함께 살아온 지혜의 소산이라 생각한다.

문화와 예술은 종교와는 분리되어야 한다. 전통적 민화를 감상하며 민족적 자긍심을 느낀다. 민화라 해서 모두가 정통화법을 무시하지는 않는다. '소상팔경도'라든지 산수 수묵화들 몇 점은 국립박물관에 소장되어 전시해도 흠잡을 곳 없이 단아하고 고품격이 돋보이는 민화다. 민화란 한마디로 격식 없는 그림이다. 그저 보는 순간 가슴이 찡하고 평상심을 자극하고 웃음을 자아내며 시름을 잊게 한다.

김철순 미술 연구가는 『민화란 무엇인가』에서 이렇게 서술했다.
"쉽고 간단해서 좋다. 할아버지와 손자가 좋아하는 그림이다. 솔직해서 좋다. 꿈이 있어 좋다. 따뜻해서 좋다. 조용해서 좋다. 자기주장이 없다. 허세와 가식이 없어 좋다. 익살이 있어 좋다. 신바람이 있어 좋다. 깨달음이 있어 좋다."고.
이렇듯 한국인은 민화에서 보면 낙천적인 사람이었던 것 같다. 서구화와 현대 물질문명, 일본에 나라를 수탈당하고, 남북의 이념전쟁이 느긋함을 바꾸어 놓았지 않나 생각한다.

민화는 기법이나 화법에 매이지 않고 자유스럽다. 무아지경에서 그린 즉흥과 재주가 어울린 그림이 민화다. 한마디로 우리의 옛 그림은 풍자와 해학의 극치로 세계 어느 나라에서도 찾아볼 수 없는 독창과 창의성이 발휘된 예술이고, 미를 그 속에 담아낸 작품이라

하겠다.

옛 문화를 박물관에 가야만 볼 수 있고 우리 이민자들은 접할 기회가 많지 않다 보니 이 책을 통하여 전통 민화를 함께 나누고 싶다. 과거로의 여행으로, 조용하고 평화롭고 느릿하게, 빠른 일상의 호흡을 가다듬도록 하는 우리 옛 민화에 빠져본다.

낭만적 연애와 그 후의 일상

다양한 책을 읽다 보면 멋진 사람들이 있다. 『월든』을 읽은 미국 작가 E B 화이트는 이렇게 말했다.

"만약 우리의 대학들이 현명하다면 대학을 졸업하는 학생들에게 졸업장과 더불어 『월든』을 한 권씩 주어 보낼 것이다."

안도현의 『연어』를 읽고 어떤 분은 모두에게 『연어』 한 권을 선물하고 싶다고 했다. 나도 좋아하는 책을 읽고 친구들에게 선물한 책이, 연령대에 따라 『어린 왕자』 『갈매기의 꿈』 『가시나무 새』 법정 스님의 『무소유』 유재영의 시조집 『절반의 고요』 등이다. 함께 읽고 공감하고 싶은 책들이 많다.

팍팍한 우리네 인생에 그래도 삶의 질을 높여주고 마음의 여유를 주는 좋은 책 한 권의 가격은 어처구니없게도 저렴한 가격이다. 귀한 결혼지침서 같은 혼수목록으로, 혹 이혼의 갈등을 겪고 있는 사람들에게 따뜻이 다가가 내밀고 싶은 책 『낭만적 연애와 그 후의 일상』, 오월 가정의 달에 힘들게 살아가는 부부들에게 한 권씩 드리고 싶은 마음으로 선정한다.

저자 알랭 드 보통(Alain de Botten)은 1969년 스위스에서 출생, 케임브리지 대학에서 역사전공으로 철학 석사, 하버드에서도 철학 박사를 받고 작가의 길로 가게 된다. 우리에게 많이 알려진 『키스 앤 텔』『우리는 사랑일까』라는 인간 보편의 감정을 내밀히 담아낸 이 독특한 소설들은 '이 시대의 스탕달, 혹은 닥터 러브'라는 별명을 얻었다. 책의 영문 제목은 『The Course of Love』이다.

결혼을 앞둔 자녀나 친구들에게 준다면 소중한 선물이 될 것 같다. 일상의 사랑과 부부간의 갈등을 깊은 통찰로, 결혼에 대한 방정식을 풀어나간다. 그는 2003년 프랑스 문화부 장관으로부터 기사 작위를 받기도 했다. 자, 이제 이 책에서 보여주는 작가의 비범함에 대해서 알아보기로 하자.

주인공 라비는 레바논 토목기사 아버지와 독일 항공기 승무원인 어머니 사이에서 태어나 프랑스어 독일어 스페인어를 할 줄 아는 올리브색 피부색을 지닌 아랍계 사람이다.

그는 베이루트 아테네 바르셀로나에서 자란 자신의 세계들로 그녀의 허기를 채울 수 있다고 생각한다. 그의 연인 커스틴은 스코틀

랜드 작은 지방에서 나고 자랐다. 사고방식이 편협하고 색채는 음산하고 분위기가 촌스럽고 가치관은 금욕적이다. 지방에서 대학에 가기까지 쭉 그곳에서 살았다.

그녀는 남쪽이 연상되는 모든 것들에 강하게 끌린다. 그녀는 라비의 배경에 흥분한다. 둘은 서로의 단점들을 보완해주는 강점들과 자신이 열망하는 자질들을 발견한다. 사랑은 그렇게 시작된다. 낭만과 섹스는 청혼으로 이어져 결혼에 이른다. 사랑을 믿는 자는 어리석은 자다. 사랑이 어떻게 시작되는지에 대하여는 과하게 많이 알고 있다. 그러나 사랑이 어떻게 지속해야 하는지는 무모하리만치 아는 게 없다고 한다.

결혼 후 둘은 아케아에 컵을 사러 간다. 빈손으로 돌아오다가 사소하고 별것 아닌 일에 토라진다. 오랫동안 결혼생활은 이어졌고 사소한 감정으로 싸우고 협력하기를 반복하면서 그 사이 아이들이 태어난다. 인간의 한계를 보여주는 직장과 육아, 빨래의 위신이라는 소제목도 적나라하다. 일상은 사랑의 한계를 벗어나기도 한다.

'낭만적 연애와 그 후의 일상'이라는 제목이 주는 위력의 필수는 권태 이후의 외도이다. 라비는 도시재생을 주제로 여는 베를린 컨퍼런스에 초청받아 간다. 그곳에서 로런을 만난다. 그들은 외도의 선을 넘는다. 이 장에서 작가 알랭 드 보통의 다음 문장 하나를 옮겨 본다.

"삶의 제약들이 결연함과 무덤덤함을 요구할 때 황홀에 도취되는 건 전혀 도움이 안 된다." 죽었다고 생각해온 그 자신이 접근할 수 있도록 승인받은 순간의 절묘한 표현인 것 같다. 사랑이라니, 낭만이 빠진 불륜은 양립할 수 없는 욕망이다. 라비와 커스틴은 불안정한 냉전에 들어간다. 그 기류가 침묵, 지연, 애매함의 상황을 극적으로 반응하게 한다.

마침내 부부는 이혼을 고민하다가 부부 전문가를 찾아가서 상담을 받는다. 상담의 횟수가 늘어나자 라비와 커스틴은 다시 서로에게 친숙해진다. 사랑은 단순한 열정을 넘어 기술이다. 결혼은 오래 낭만적일 수가 없다. 낭만을 갈망하면서도 친절과 소통에 대해서는 서로를 거의 이해하지 못한다. 그렇게 그들은 놀랍게도 서로가 괜찮다는 생각을 한다. 사람은 모든 것, 심지어 굴욕도 익숙해진다. 정말 견디기 힘든 것도 시간이 지나면 그리 나쁘지 않게 보는 습성이 있다. 라비는 결혼한 지 16년 만에 결혼할 준비가 되었다고 말한다. 참 역설적인 말처럼 들리지만, 아니다. 수많은 단절과 재협상, 감정적 회귀가 깔려있어 열두 번은 이혼과 재혼을 겪어 온 셈이다. 오직 한 사람과 말이다.

나는 놀라운 작가의 철학적 명료함에 몇 번 감탄했다. 이 책은 과연 소설인가? 아니다. 소설인 동시에 에세이다. 가볍지 않게 심미안적인 인간 보편성에 내재한 감정을 이끌어 낸 놀라운 멘토이다. 만나는 문장마다 허를 찌르는 명문장이 낡은 결혼의 인습을 가진 나를 깨운다. 이 책이 나에게 좀 더 일찍 찾아왔다면 하는 아쉬움이 바람으로 가슴에 일렁인다. 이혼 26년 차의 경력인 나를 더욱 초라하게 만들었다. 책 한 권을 읽었다고 사람은 쉽게 변하지 않는다. 하지만 결혼반지가 오랜 위력을 발휘하듯 이 책 한 권도 다변적인 결혼생활에 큰 지침서가 되어 결혼의 모험을 찾아 나서는 자에게 새로운 용기를 줄 것이다.

작가는 두 사람이 만나 낭만적으로 사랑하고 마침내 결혼하여 행복하게 잘 살았다는 이야기를 뛰어넘는다. 상대의 허약함과 슬픔에 동참하고 연인이 '완벽하다'는 선언은 우리가 그들을 이해하지 못했다는 징표에 불과할 수 있다고 한다.

어떤 사람이 우리를 상당히 실망시켰을 때 그 순간 우리는 그를 알기 시작했다고 주장할 수 있다고 한다. 이 소설에서 알랭 드 보통은 낭만주의에서 현실주의로 극복하며 살아가는 이행을 보여준다.

책을 읽는 내내 행복했는데 이 글을 쓰는 시기는 대통령 선거와 맞물려 시간이 촉박하여 허둥대다 겨우 마무리 짓는다. 소설을 이어가다 중간 중간의 철학적 권고는 놀라울 만큼 현학적이고 재치가 있고 독자로 하여 친절하게 성찰하게 한다. 결혼을 후회하지 않으려면 이 책을 꼭 읽기를 권한다.

관촌수필

나는 지금 시대를 역행하고 있는가? 하고 반문해본다. 한국 문단에 젊고 인기 있는 작가들이 많은데 하필이면 70년대 작가 명천 이문구 선생의 『관촌수필』이라니. 참 뜬금없다고 할 것 같다.

한국 현대문학의 고전이 되어버린 소설을 독자들에게 소개한다. 이 소설은 주류를 벗어난 문학이지만 한국문학에서 매우 중요한 위치에 있다. 네이버 지식인의 서재를 즐겨보는데, 100회 특집 지식인 서재에서 추천도서 랭킹 30위에 있던 『관촌수필』이 12위에 올라와있다. 작품에서 관촌마을 사람들의 삶과 가치를 그려냈던 문학의 큰 어른 이문구 선생(1941~2003)은 『현대문학』(1966)으로 등단했다. 『일락서산』 외 7편의 연작 중단편을 묶은 단행본이 1977년 『문학과 지성』에서 발간되었다.

한국 문단에서 사십 대에 유명을 달리한 김수영 시인, 조지훈 시인. 기형도 시인은 스물아홉에 짧은 생을 마감했다. 하지만 그들보다 예순두 해를 더 사시다 가신 이문구 선생의 사망 소식을 들었을 때 내 마음의 보루가 무너지는 듯했다.

이문구 선생만의 수필적 문체와 탁월한 서정적 인간미가 체화된 문학이 맥을 잇지 못하고 단절될 것 같다는 생각이 들었다. 이문구 선생과 단짝이었던 고은 선생은 지금도 정정하신데, 두 분이 함께 마신 술은 호수를 이루고도 남을 터이다.

『관촌수필』은 순우리말의 유장성과 토속적인 어휘 구사를 통해 독특한 한 세계를 이루고 있는 중량감 넘치는 소설이다.

『관촌수필』은 「일락서산」「화무십일」「행운유수」「녹수청산」「공산토월」「관산추정」「여요주서」「월곡후야」 8편으로 구성되어 있으며 흐름이 이어진다. 화자는 조부를 통해, 이조 마지막 선비의 세계관의 상당 부분을 배웠고, 그것이 소설 전체의 유교적인 문화와 맞닿았다. 소설에서 화자의 고향은 인간과 자연, 인간과 인간, 자연과 자연이 서로 친화의 관계를 맺고 있는 공간이다.

나는 이 책을 세 번이나 읽었다. 이 소설의 뿌리는 바로 화자의 조부이자 마지막 선비인 긍우(호는 능하)이다. 상주 목사의 아들로, 화자가 태어났을 때 할아버지는 팔순에 이르렀다. 청백리 사대부 가문인 한산 이 씨 토정 이지함의 후손으로, 일제강점기와 해방

6·25 격동기의 참변을 몸소 겪으면서도 선비 정신을 놓지 않으셨다. 소설은 화자와 작가가 동일인이다.

「일락서산」에서 작가가 첫 장에 조부를 이렇게 말한다. "고색창연한 이조인이었던 할아버지 그 한 분만이 진실로 육친이요 조상의 얼이란 느낌을 지워버릴 수 없다."라고.

화자가 천자문을 배우며 조부의 환상에 젖어 옛집을 바라본다. 탱자나무 울타리 굽은탱이를 돌아 황혼에 비낀 관촌마을로 돌아온 화자의 타관에서 떠돌던 그리움이 한 점 동양화처럼 펼쳐진다.

「행운유수」의 옹점이, 「녹수청산」의 대복이, 「공산토월」의 석공 등의 인물 묘사에서 화해롭고 친화적인 인간관계를 상징적으로 보여준다.

『관촌수필』중 위의 세 사람에 대한 작가의 묘사는 독특한 개성과 인간미 넘치는 풍미를 느끼게 한다. 그들은 이 소설을 맛있게 읽을 수 있게 하는 최상의 주인공들이다.

시대적(광복 전후) 공간이 빚어낸 비극 혹 희극의 배경은 옹점이 대복이 석공에게 진한 모성적 그리움을 느끼게 한다.

주인공인 어린 민구의 아버지는 보령군 지하조직의 총책이었다. 한밤중 순사들이 가택 수색을 하면서 잠든 옹점이를 깨워 이것저

것 물었다. 옹점이는 거침없는 말로 순사를 후려치며 당당하고 어엿했다.

"이 집 부뚜막지기유, 왜유?" 그녀의 의뭉스러움이 순사를 나가떨어지게 한다.

어느 날 철로를 지나가다 미군 병사가 던져주는 껌과 초콜릿을 서로 주우려고 야단법석일 때 민구도 하나 집었는데, 옹점이는 "아이구 저런 그지 떼" "어메 빌어먹다 급살 맞어 디여질 것들 봐, 대관절 조선 사람들을 뭘루 봤걸래 쳐 먹든 것을 던져 줬으까나" 라고 한다. 옹점이는 확실한 주체성을 말과 행동으로 보여준다.

옹점이에게 민구는, 작가가 된 지금도 그녀만 한 주체성을 행동으로 보여준 사람을 만나지 못했다고 했다. 옹점이는 가창력이 가히 빼어나서 창가도 유창하게 잘 부른다. 옹점이는 결혼도 실패하고 유랑가수가 되어 약장사를 따라다니며 노래를 부르는 행운유수의 주인공이다. 이 소설에서 단연 으뜸으로 독자를 사로잡은 그녀의 인생이 전환기 역사에 휩쓸려 명멸해간다.

또 한 사람 석공은 「공산토월」에 나오는 주인공인데, 이 소설에서 가장 바람직한 인간상을 지니고 있다. 화자는 자신의 모든 걸 희생하면서, 이웃과 가족 또는 남을 위해 몸을 버릴 수 있는, 어질고 순박한 믿음으로 살아간다. 갸륵한 인간애가 그의 머릿속에 굳게 자리 잡고 있다.

석공이야말로 근대화되고 도시화되어 가는 시대에, 우리가 잃어버린 고향에 남아있는 한국인 상이다. 「녹수청산」의 대복이와 함께 관촌마을의 수필 같은 인물 묘사와 동란 전후 시대의 복고를 느끼게 하는 소설을 이제 다시 만날 수 없다는 안타까움으로 작가 이문구를 회상한다.

그러다, 작가 이시백의 『응달 너구리』를 읽고 안도했다. 이정록 시인은 『응달 너구리』의 추천글에서 '이시백을 다시 데꼬와 잔칫상을 펼쳤다. 김유정과 이문구가 얼큰하게 취해있었다.'라고 했다. 나도 『응달 너구리』를 읽으면 이문구를 연상했다. 아! 이렇게 맥이 이어지는구나 하고 안도했다. 『응달 너구리』 이 책도 추천한다.

검은 꽃

춥다. 책 한 권을 읽었을 뿐인데 몸과 마음이 혹한의 한기를 느낀다. 책의 제목 『검은 꽃』은 지구 반대편 멕시코 유카탄반도 애니깽 농장에서 잔혹한 노예의 삶을 살다 간 선조들의 절규다.

70년대 최인호 소설가와 90년대 중후반 김영하 소설가의 등장은 한국문학의 기류를 바꾸어 놓았다. 한국 문단 역사상 처음으로 귀걸이를 달고 문학상의 시상식에 오른 남자. 그 당혹감. 최인호 다음으로 젊은 도시적 감성과 강한 팩트, 다양한 목소리로 거침없이 새로운 장르에 도전하는 작가이자 대학교수 그리고 방송인으로, 그의 작가적 역량의 파급은 놀라움을 넘어선다.

그는 1968년 강원도 화천에서 출생하여 연대 경영학 석사를 졸업했다. 1995년 리뷰지에 「거울에 대한 명상」으로 등단할 때가 27세이다. 그 후 20년간 한국문학의 독보적인 상은 다 수상하였다.

96년 제1회 문학동네 작가상을 필두로 현대문학상, 동인문학상, 이산문학상, 황순원문학상, 만해문학상, 이상문학상, 김유정문학상 등을 다 받은 상복 넘치는 작가이자 소설의 귀재라 할 수 있다. 김영하의 소설은 처음 대하면 낯설고 생경한 감을 느끼게 한다.

『옥수수와 나』『살인자의 기억법』『검은 꽃』, 세 작품은 동일시하기와 낯설게 하기의 모순된 기법을 하나로 융합시킨 김영하만의 소설적 회로가 강하다. 그러한 구성은, 독자를 소설에 몰입하게 한다.

『검은 꽃』은 장편으로, 해박한 고증과 생생한 묘사가 압권이라 할 수 있다. 고종 황제는 러일 전쟁이 끝나고 을사늑약을 체결한다. 국제 정치 상황의 무지로 조선이 패망의 길로 들어서는 1905년, 멕시코 애니깽 농장으로 팔려 가는 선조들의 피눈물과 통한이 망망대해를 넘어가 정착하는 이야기다. 나라가 그들에게 아무것도 해줄 수 없어도 살아남을 수밖에 없는 선조들의 끈질긴 생존의 사투를 그린 작품이다.

소설의 첫 시작, 멕시코 정부군과 마야인의 전투에서 정부군의 총을 맞고 이정은 꺼꾸러졌다. 늪에 처박힌 이정에게 떠나온 제물포 산천이 한꺼번에 선명하게 몰려왔다. 그리고 곧 모든 것이 사라졌다. 군홧발이 목덜미를 눌러 그의 머리를 늪 바닥 깊숙이 처박았다. 구한 말 머나먼 나라에 가서 종적 없이 사라진 선조들의 비극적인 삶을 읽을 수 있다. 이정은 왜, 누구의 나라를 위해 죽어야 했는가.

러일 전쟁 후 개항된 제물포항은, 아시아를 향해 몰려온 열강들의 욕망이 빚어낸, 서양 일본 중국의 새로운 문물로, 조선 제일의 국제항이었다. 황성신문에, 대륙 식민회사에서 멕시코 이민자를 구한다는 광고가 실린다. 일터와 따뜻한 밥이 기다리고 있다는 말을 믿고, 낯선 땅으로 가려는 사람들이 북적인다.

거지로 떠돌이 생활을 하던 이정도 어른이 되어 돌아와 논을 사고 벼를 심을 것이라 다짐한다. 땅을 가진 자는 존경을 받는다. 이것은 소년이 길에서 배운 단순한 진리이다. 멕시코 땅이 아닌 조선의 땅이어야 한다고 다짐한다.

1905년 4월 4일 일포드 호는 조선인 1,033명을 싣고 출발한다. 국교도 없는 멕시코로 불법 이민을 떠난다. 교민 하나 없는 곳으로 망망대해를 짐짝처럼 실려 건넌다. 이 배를 탄 사람들은 이정을 비롯해 떠돌이, 박수무당, 피리 부는 내시, 도둑놈, 도망 다니는 신부, 옥니박이, 대한제국의 마지막 제대 군인, 노총각, 이발사, 가난한 황족인 이종도 가족, 그의 딸 연수와 아들 진수, 통역사 권용준 등이다. 그들은 더는 무엇도 바랄 수 없는 조선을 떠난다.

그들이 살아온 내력은 바로 짜디짠 곰골 짠지다. 조선에서의 찌든 가난은 그들을 기다리는 멕시코의 새로운 삶에 대한 희망이었으며 저마다의 병풍 속에 수놓은 아름다운 그림이었다. 선실에서는 양반과 천민 구분 없이 파도에 휩쓸려 이리 치이고 저리 밀린다. 조선의 예의범절도 삼강오륜도 다 무너진다. 그리고 한 달 열흘 만에 지구 반대편 멕시코 유카탄반도에 도착한다.

그들이 도착한 유카탄반도는 원래 마야인들이 살던 곳이다. 열강들에 대한 독립투쟁으로 순박했던 마야인들이 게릴라가 된 곳이다. 그 틈새에 조선인이 끼어서, 정착할 때까지의 처절했던 그곳의 정세를 작가는 철저하게 고증했다. 그들은 같은 배를 타고 왔지만 여러 농장으로 헤어진다. 떠돌이 이정과 노루의 피 냄새를 풍기는 연수는 그 지옥 같은 선실 안에서 이미 서로의 심장을 쪼개어 가진 관계가 된다. 이정과 연수는 각각 다른 농장으로 헤어진다. 둘은 다시 짧게 만나지만 남은 삶에서 영원히 만날 수 없는 각자의 궤적으로 들어선다.

멕시코 땅에 도착한 그들은 잔혹한 채무자가 되어 노예로 전락한다. 옥수수 알갱이를 불려 죽을 만들어 먹고 애니깽 가시에 찔려 피가 엉겨도 치료를 받지 못한 채 독이 퍼져 죽어 나간다. 살기 위해 노역을 나가고, 강한 화염 같은 더위의 열악한 환경에서 노동은 이어진다. 조선 이민자들은 얼마 지나지 않아 그들이 얼마나 불합리하고 부당한 계약을 했는가를 알게 된다.

존 마이어스와 대륙 신민 회사에 철저히 속은 것이다. 통신과 교통이 차단된 유카탄의 오지에서 노예 생활에 가까운 절망적인 삶을 이어가는 것을 보여주는 소설의 전개. 그들은 검은 꽃이 되어 뚝뚝 낙화한다.

이 소설은 이정과 연수 한두 사람이 주인공이 아니다. 등장인물 모두가 생생하고 다채롭게 줄기를 이어가며 큰 흐름으로 소설의 강과 바다에 다다른다.

국운이 다한 나라의 가난한 백성이 되어 도착한 낯선 땅. 이름 없이 검은 꽃으로 져버린 선조들을 생각하면 지금 이 땅에서의 삶은 바로 천국이다. 이 소설을 읽고 감동한 바이올리니스트 홍원화 씨가 나에게 그녀가 작곡한 <Black Flowers>를 보내왔다. 소설과 음악의 일치. 작품의 강한 비극은 예리하고 선명한 리듬이 되어 아프게 살 속으로 파고들었다. 이 바이올린 곡을 유카탄의 지옥을 살아낸 선조들에게 묵념하며 바친다. 한 번으로 끝내기엔 아쉬움이 많다. 이처럼 강렬한 비극성의 소설을 꼭 권하고 싶다.

책 읽는 여자

책을 덮고, 책을 읽는 여자라는 색다른 이야기를 쓰고 싶다. 책은 어디에서 읽어야 하나? 정답은 내가 읽고 싶은 공간 어디서나 읽을 수 있다. 집에서는 화장실, 식탁, 잠들기 전 침대, 밖에서는 공원, 커피숍, 세차장, 오일 체인지를 기다리는 시간, 찜질방에서 그것도 소금방. 그 뜨겁고 어둠침침한 공간에서도 가능하다.

12월 문학회 송년 모임을 끝내고 킹 스파에 갔다. 그런 곳에 갈 때는 가방엔 꼭 책 한 권을 챙긴다. 아무도 방해하는 이 없어 홀로 책을 읽을 수 있는 그곳이 좋다. 소금방에서 몸속 노폐물이 땀으로 나올 때까지, 그 열기 속에 나를 맡긴다.

사념하기 좋은 곳이다. 누군가 들어와서 책을 펴 읽는다. 젊은 여자다. 깊이 몰입하는 그녀를 보는 나는 또 한 권의 책을 읽는 기분이다. 한참 후 내가 말을 걸었다

"실례지만 무슨 책을 읽으세요? 시력이 좋으신가 봐요."

그녀는 "네, 언어학에 관학 책입니다."라고 한다.

인연은 이렇게 시작되어 늦은 밤 나는 그녀와 긴 이야기를 나누게 되었다. 듀크 대학 언어철학 석사과정을 공부하고 있다고 한다. 그 길을 가기까지 김훈 소설가의 책을 읽고 선택을 했다고 한다. 10살에 이민을 온 그녀는 한국말이 유창하다. 지금도 한국소설을 즐겨 읽는다고 한다.

지난봄에 김영하의 소설 『검은 꽃』을 읽고 유카탄반도 애니깽 농장 이주민들의 발자취를 찾아 멕시코로 여행을 했단다. 그 후손들을 찾아 다시 쿠바까지 가서, 후손 3세를 만나고 왔다고 했다. 나는 생애 최고의 독자를 만난 놀라움에 그녀를 껴안아 주고 싶었다.

책을 읽는다는 것은 인간의 존엄을 지키는 투쟁이라고 생각한다. 나폴레옹 링컨 마오쩌둥은 독서로 권력을 훔쳤고 톨스토이와 간디는 독서로 권력에 맞섰다. 알베르 카뮈는 29살에 『이방인』을 쓰고, 프란츠 파농은 27살에 『검은 피부 하얀 가면』을 쓴 뒤 36살에 죽었다. 이런 책은 지식만으로는 써지지 않는다.

또 한 사람, 조선 시대 책만 보는 바보 이덕무를 이야기하지 않을 수 없다. 서자로 태어나 가난한 선비인 이덕무에게 어느 날 이서구가 찾아왔다. 둘은 너무도 다르다. 서자와 적자. 그는 아직 어린 소년으로 부족함이 없는 명문가의 자제이며 이덕무는 혼인하여 한빈한 집의 가장이다.

비 오는 날 "연암 선생께서 귀한 서책을 볼 수 있다기에" 하며 사대부 집안의 앳된 소년티가 나는 젊은 선비가 이덕무를 찾아와 친구가 된 이야기가 있다. 이들은 모두 연암의 문하에 들어 실학을 이룬 벗들이 된다. 그녀와의 만남을 그들과 비교 할 수는 없지만, 우리의 대화는 책의 공감대로 이루어졌다.

역사와 정치, 종교와 언어가 다른 이민자들 사이에서, 비정하리만큼 순결과 모순을 냉철하게 이끌어가는 미국에서, 만나기 힘든 젊은 여성과의 대화. 밤이 깊도록 이어졌다.

쿠바까지 여행하면서 선조들(조선 백성)을 찾아 나선 이 젊은 여자의 결기는 민족의 언어에서 출발했다. 『검은 꽃』의 후손을 만나니 그들은 할아버지가 한국인이라는 것에 자부심을 느낀다고 했다.

무너지지 않은 그들의 생은 한 작가에 의해 재조명되었다. 100년 전 애니깽 농장에서 사투를 겪으며 살아남아 선조들의 삶을 이어온 후손들, 제3국의 언어인 영어로 대화를 나눈 기이한 현상이 바로 언어라는 매개체이다. 행동하는 지성을 지닌 그녀를 보니, 김영하 작가는 이런 독자가 있기에 작가로 더욱 빛나지 않나 싶다.

나의 젊은 날은 책에 대한 에피소드가 많다. 청주 충북대학 박물관에 갔다가 버스 터미널에서 표를 끊고 대합실에 앉아 도스토엡스키의 『백치』를 몰입해 읽다 버스가 출발한다는 말에 놀라 보던 책을 놓고 왔다. 한 30분 정도 지나서 책을 두고 온 것을 알고 사정해서 고속도로변에 내렸다. 한참 후 택시를 타고 청주로 들어가 책을 찾아 마지막 서울행 고속버스에 오른 기억이 있다. 그땐 나에게 도스토엡스키가 절대가치였다. 이민 짐을 부칠 때에 책의 부피로 남편과 다투기도 했다. 첫 월급으로 휘문 출판사에서 나온 『니체 전집』을 샀다. 첫 월급은 엄마에게 빨간 내복을 사드려야 한다는 말씀을 듣고 미안했던 기억이 난다.

60년대 시공관. 지금은 흔적도 없는 덕수궁 옆 시청 건너편쯤으로 기억되는데 제1회 도서전시회가 열렸다. 그때 처음 『어린 왕자』를 만났다. 그 후 번역되어 나오는 『어린 왕자』 책과 자료를 모았던 기억이 있다. 책을 읽고 그 책이 좋으면 무조건 친구들에게 선물했는데 그런 책만도 열 손가락이 넘는다. 『어린 왕자』 『무소유』 콜린 맥컬로그의 『가시나무 새』 막스 밀러의 『독일인의 사랑』. 그렇다. 지금도 좋은 시집을 읽고 문학회 젊은 문우들에게 보낸다. 나희덕 시집 『그녀에게』는 현대 여성 화가의 그림들이 시를 돋보이게 한다. 나는 덤으로 미술관 나들이를 온 것처럼 황홀함으로 일석이조를 누렸다.

어느 해 가을에 읽은 유재영 시조 시인의 시집 『절반의 고요』는 종잇장에 확 불길이 붙는 듯했다. 시의 은유와 단음의 청아함에 빠졌다. 오래 읽고 문우 한 분에게 보냈다.

古 최명희 작가의 『혼불』은 『한길사』와 유족과의 분쟁으로 절판되었다. 품귀 현상이 생겨 책을 구하기 힘들었다. 한국의 지인에게 경비를 주며 헌책방을 돌게 해서 귀하게 책을 모셔온 경로는 눈물겨운 사연이다. 잃어버린 책 중 온갖 방법으로도 구할 수도 없었던 책 『생떽쥐베리의 연인』이 생각난다. 그 책을 많이 아끼고 좋아했다.

또 한 권, 『소쇄원』. 양산보의 14대 자부가 준 귀한 서책을 잃어버리고 그와 비슷한 것을 구했는데 마음에 반도 차지 않는다. 이건 뭐랄까. 집착인가. 나를 연명하는 지구력인가?

이덕희 선생의 『내 영혼 존재케 하는 것』은 저자가 젊은 날에 쓴 책으로, 두 번이나 분실하였고, 힘들게 책이 다시 내게 왔을 때 작가가 다시 살아오신 것 같았다. 나는 이민 3년 차에 남편과 헤어지고 가정도서실을 열었다. 맺어준 귀한 인연이라고 생각하며 책과 내가 하나인 것처럼 살아온 것이 이민의 버팀목이 되었다.

이번 인연도 책으로 시작되었다. 그녀의 할아버지는 독립운동을 하셨다고 한다. 나의 아버지와 외삼촌도 그러하시다. 종교와 정치 문학까지 나이를 초월해 대화를 넓힐 수 있었고, 언어의 촉수가 무한대로 뻗어 나갔다. 서로의 내밀한 곳을 열어 보이게 하는 매개체이며, 세대를 초월할 수 있게 하는 것이 바로 한 권의 책이다.

젊은 사람에게 민폐가 되기 싫어 이름만 물어보았다. 그녀의 이름은 평화다. 나는 뉴스 코리아 한인신문에 북 칼럼을 쓴다고 소개했다. 책에 대한 글을 쓰는 사람이라고만 했다. 마침 그 주에 내 칼럼 「검은 꽃」이 나왔고 평화는 그것을 어제 식당에서 읽었다며 반가워했다.

다음 날 아침 12월 5일은 내 생일날이었다. 함께 커피를 마시며 축하도 받았다. 주소를 가르쳐 달라고 한다. 엽서 쓰기를 좋아한다며, 이렇게 짧은 시간 공감하고 마음을 열어본 사람은 없었다고 꼭 엽서를 보내고 싶다고 했다. 우리는 서로 전화도 이메일도 확인하지 않았고 나의 주소만 적어 주었다.

12월을 비명 지르고 싶도록 바쁘게 보냈다. 연말에 가톨릭문학상 시상식으로 엘에이를 3박 4일 다녀오니 한국 풍물도의 그림엽서가 다소곳이 내 책상 위 다른 우편물과 함께 눈에 띄었다. 평화를 직접 만난 듯이 반가웠다.

깨알 같은 예쁜 글씨로 "저 평화예요, 생신인 12월 5일 달라스 킹 스파에서 만났는데 기억하시리라 믿어요."

이렇게 시작하여 마지막엔 "꼭 언젠가 직접 사인해 주신 책으로 만나 뵐 거라고 믿어요. 다시 뵐 때까지 칼럼 꼭 챙겨 읽을게요. 계속 아름답고 사람 살리는 그런 글 연재하시길, 축복합니다. －평화－"

40년 세대 차이를 책 한 권으로 소통한다는 것이 이 나이에도 가능하다. 이것은 인간이 지닌 세습을 뛰어넘는 일이다. 우리는 한국인이고 모국어를 사랑하기에 가능하다. 『검은 꽃』 한 권의 소설이 맺어준 귀한 인연이다. 평화가 보내준 작은 엽서 한 장이 가슴 떨리는 연서처럼 고희를 지난 내 생애에 아름다운 추억이 될 것이다.

책은 자기 스스로가 만나야 한다. 책은 나를 끊임없이 자라게 하는 지성의 나무이다. 나무가 뿌리를 내리면 참 따뜻하고 편안하다. 독서는 스스로 깨어나 편견과 아집에서 조금씩 멀어지게 한다. 책은 물리적으로 갈 수 없는 공간과 시간의 한계를 넘어서게 한다. 상상을 초월한 인간군상도 만나고 그 사람이 내 안으로 걸어 들어와 나와 함께하며, 나의 턱까지 차오르는 한숨을 깊이 몰아 내쉬게 한다.

내가 가장 많은 돈을 탕진한 것은 책이다. 철이 들면서 청소년 잡지 『학원』으로 용돈을 탕진하고, 세계문학전집을 출판사마다 몇 질을 구매했는지, 그때의 뿌듯함이란 세상을 다 가진 듯했다.

월간 『현대문학』은 60년도 후반부터 2000년도까지 구독했다. 『문학사상』을 창간호부터 보아왔고 음악 잡지 『객석』 계간 『미술』 『창작과 비평』 『문학과 지성』 등. 지금 생각해도 외길의 어리석음에 후회는 없다. 이상문학상 수상시집도 1977년 1회부터 40년간 한 회도 빠지지 않고 구입해서 읽었다. 지금도 가보처럼 귀히 여기는 초판본 장서가 여럿 있다. 이제 책 읽기에 저항하는 느림의 시간에 균형을 맞출 때인 것 같다. 그러므로 나는 천천히 가는 달팽이처럼 더 힘써 책을 읽으며 젊은 독자로 거듭날 것이다.

마지막으로, 미국에서 촉망받는 젊은 미래의 작가 두 사람을 소개한다. 수잔 빌은 어린 시절부터 책을 좋아하고 호기심 많았던 친구의 딸로, 작가가 되겠다고 좋은 직장을 그만두었다. 그리고 해내었다. 아마존에서 『맥스 브이 액스 매직』이란 책을 출판한 새내기 작가(뉴스 코리아 위클리 이슈 3월 24일자 기사 참조) 수잔에게 기대를 걸어본다. 또 한 사람은 에므리 라즈다. 이민 초기 옆집에 살았었는데 책을 좋아하며 호기심 많던 아이였다. 가수로 데뷔하더니 지금은 책을 여러 권 내어 청소년 소설 베스트 6위에 진입했다. 작가 대열에서 후광을 드러내고 있다. 젊은 그들에게 책 꿀잠(매우 많이 재미있음) 닉네임을 붙여주고 싶다. 살아오면서 원서를 읽을 수 없는 영어 무식이 가장 안타까움으로 남아있다.

마음을 어지럽히는 생각을 경계하려면 나는 시집을 펴고 시에 든다. 마음에 적요가 깃을 친다. 독서는 장수의 비결이다. 인생은 짧아서 경험이 제한되지만, 독서는 시공간을 넘어 인류 문화의 진수성찬이 되어 통섭의 식탁에 나를 초대한다. 평화와 맺은 귀한 책 인연으로 받은 엽서에 답을 보낼 곳이 없다. 나는 답장을 이렇게라도 전하고 싶다.

척추를 세워주는 힘

팔월 마지막 주말, LA 미주 문학 캠프에 참석했다. 한국 작가들을 초청해서 미주 문인들이 꿈꾸는 한국문학 세계화의 정수를 배우는 자리였다. 천양희 시인과 김현자 평론가 신재기 수필가 세 분을 모시고 하루 7시간의 강행군으로 강의를 들었다. 평균 연령 60대 전후의 미주 문인들이 척추를 꼿꼿하게 세우고 시, 평론, 수필의 강의에 몰입하는 모습은 나이 불문의 文靑이었다.

천양희 시인은 '나에게 시의 의미란? 그리고 글쓰기의 목적에 대하여'를 강의했다. 시는 어떤 재미와도 바꿀 수 없는 삶의 축복이며 삶의 누추함을 뛰어넘는 것이라고도 했다. 문학이란 결국 인생에 대해 끝없는 질문을 던지고 존재에 대해 깊은 성찰을 하게 하는 것이라 했다.

김현자 이화여대 전임교수 평론가는 줌마 스타일의 수수함이 이웃 아줌마 같은 첫인상을 강단에 오르자 확 바뀌었다.

'한국시의 은유 BEST 10' 최고의 강의를 들은 것 같다. 우선 재미있다. 서두를 "시의 옹호란 은유의 옹호이다."로 시작하면서 긴장하게 했다. 은유의 유사성과 이질성 그리고 한국 현대 시의 시작인 1920년대부터 1960년대(한용운에서 서정주)까지 빛나는 은유가 담긴 시 10편에 대한 미감을 강의하셨다. 예술의 불변성과 초월성은 시에 있는 듯했고 휘모리장단의 최고조까지 몰고 간 강의였다.

"시의 은유는 새로운 경지의 인식을 낳게 한다. 새로운 인식의 창조는 인간 존재를 고착된 삶으로부터 벗어나게 하고 창조적 삶을 가능케 한다."라고 끝을 맺자 박수와 찬사가 넘쳤다. 이렇게 시는 내게 노년의 초라함을 기쁘게 감내하면서 살아가게 하는 삶의 버팀목이기도 하다. 아침에 시 한 편을 읽으면 하루의 양식이 되어 주고, 나의 굳은 척추를 꼿꼿이 세워주는 자존의 힘이 되어 준다.

동서고금을 막론하고 책을 많이 읽어야 한다고 들어왔다. 요즘은 독서를 많이 하면 장수한다는 기사도 보았는데 이런 말들은 나를 쓸쓸하게 한다. 왜라는 반문을 해올 것이다. 얼마나 책을 읽지 않으면 장수한다는 말이 나올까? 라는 마음 때문이다.

책은 혼자 하는 고독한 몰입이다. 독서는 지식과 상관없이 오직 혼자만의 의지다. 서정주 시인의 시「자화상」에서, 나를 키워 낸 것은 팔 할이 바람이라 하였다. 나는 나를 키워 낸 것은 문학이며 그

중 팔 할이 시라고 말해도 좋을 것이다. 내 지인 중 맑은 시인 한 분이 있다.

그의 시 「열목어」를 펼쳐 본다. "흐르기 위해 나는 머무네/ 흐르는 삶만이 생의 맑은/ 진실인 것을/ 본래 매듭이 없어/ 언제나 선한 그 물소리/ 가난하네/ 어느덧 세상은/ 자연의 알 하나/ 슬어놓지 못하는/ 불임의 자궁 되었는가/ 나를 들고 무엇을/ 되비출 건가/ 말없이 흐르다/ 필경은 그림자도/ 사라질 세상에." 열목어는 일급수에서만 살아가는 물고기다. 그녀의 시를 읽으면 마음을 흔드는 세상 것들에게 이별을 고하게 된다. 이렇게 맑은 시 한 편을 밥상 위에 올려 맛보고 잘 씹어 삼키면 정신적 결기가 살아나 힘찬 맥박으로 나를 존재하게 한다.

시는 돈이 되진 않겠지만 최상의 값을 매길 수 있는 나의 유일한 상전이다. 시는 시인이 순간으로 겪는 통찰의 체험인데, 나에게는 물이 되거나 불이 되고 혹은 쇠가 되어 어두컴컴한 나의 내부에 자리한 뭇 욕망을 쪼갠다.

이처럼 가볍게 와서 무겁게 내리치는 시들이 나는 좋다. 나는 시인을 생각하면 어떤 간절한 천형을 짊어지고 가는 고독에 익숙한 사람처럼 느껴진다. 보들레르가 그랬고 마리아 릴케와 이상과 천상병이 그렇게 살다 갔다. 천양희 시인의 삶에서도 느낄 수 있다.

천양희 시인의 산문집 『나는 울지 않는 바람이다』 중에 이런 말이 있다.

"삶이란 얼마간의 굴욕을 지불해야 지나갈 수 있다고 한다"

"수몰된 생" "암매장된 생", 이 강렬한 문장의 의미는 시인이 살아낸 환산할 수 없는 삶의 값이 아닐까 한다. 『천양희의 시의 숲을 거닐다』에서는 시의 도저하고 순정적이면서 치열한 시정신의 힘을 느낀다. 시의 이해를 돕는 책이다. 천양희 시인의 깊은 사색과 소박한 평온이 손잡아주는 책이다. 천양희 시인은 이화여대 국문과 3학년 재학 중 『현대문학』으로 등단했다. 시집으로 『마음의 수수밭』 『오래된 골목』 『나는 가끔 우두커니가 된다』 『너무 많은 입』 등이 있다. 소월시문학상 현대문학상 공초문학상 박두진문학상 만해문학상 대한민국문화예술상을 수상하셨다. 전업 시인으로 50년을 시 창작에 바쳐온 시인이다. 내가 좋아하는 시인의 시는 「공어(空魚) 이야기」.

어부들이 나에게 속이 없다고 붙여준 이름인데
나는 그 이름이 너무 좋소
빌 공이 얼마나 좋은 거요 공명하고는 관계가 없소
나는 부지런히 내 속을 비웠소
비우고 비웠더니 속이 다 없어졌소

속없는 나를 골 빈 족속이라 착각은 마시오

속이 없다고 얼빠진 건 아니오

얼굴에 얼을 빼며 굴만 남는 그들과는 다르오

속없는 내가 나는 좋소 어리석게도 좋소

속이 없으니 편하기 그지없소 속 있는 속물보다 속없는 내가 나는 좋소

속없는 나를 바다는 슬쩍 받아주고 속 빈 놈이라 나무라지 않소

어부들은 속없는 나를 속없이 좋아하오 자기를 닮았다나 뭐라나?

속도 속절없이 내려놓고 바다 밑까지 품고 가는 어부들이 나는 한없이 좋소

그들에게 잡혀 수족관에 팔려가도 나는 그들을 어신 매매라 말하고 싶지 않소

누가 나를 속 빈 놈이라 비웃는 거요

모르는 소리 마오 속이 비었으니 얼마나 가벼운지 모른다오

속이 비었다고 참으로 가벼운 존재는 아니오

속없이 사는 내가 나는 대견하오

속없이 사는 건 마음 비우고 사는 것과 다르지 않소

나는 평생 속없는 자로서 간단없이 갈 길 가려 하오

마침표와 쉼표도 없이 산문시로 쓴 한 마리 생선 이야기다. 인문학적 혹 철학적 암묵이 관통하고 심오하기까지 하다. 절간 풍경으로 매달린 목어인가. 불자가 되기도 하고 잘 구워 식탁 위에 보시하는 생선이 되기도 한다.

시는 나에게 성찰의 거울이 되어 자존의 척추를 세워주는 힘이다. 천양희 시인의 시 한 편이 오늘 하루 일용할 양식이 되어 내 삶을 채워주는데, 유유자적 시의 숲을 거닐기를 내 어이 마다할 것인가. 시를 사랑하는 자만이 더 높이 더 멀리 자유로이 하늘을 날 수 있을 것이다. 삶이 회색빛으로 무겁게 느껴질 때, 천양희 시인의 시집 『나는 가끔 우두커니가 된다』를 읽어보자. 이 가을 우리 함께 공어가 되어 보면 어떨까. 우리의 척추를 세워주고 힘이 되는 시처럼 인생의 좋은 도반은 없을 것이다.

하얀 국화 메리 린 브락트

평범한 꽃 이름 '하얀 국화' 동명 소설 앞에서 고개를 숙인다. 한국계 미국 여성 작가가 쓴 충격적인 소설이 20개국 언어로 번역되어 우리에게 묻는다. 일본군의 성노예로 끌려간 해녀 하나와 그의 동생 아미가 겪은 제주 4·3사건. 영원히 치유될 수 없는 문제를 직시하며 쓴 소설이다.

작가는 내가 사는 텍사스 킬린에서 하이스쿨을 다녔고 어스틴 유티를 나와 영국 런던대학 버벡 칼리지에서 문예 창작 석사학위를 받았다. 작가의 어머니는 조용하고 평범한 이웃이며 주부이다. 작가의 어머니가 팔월 초에 내가 일하는 시식코너에 와서 놀라운 사실을 말했다. 둘째 딸이 『하얀 국화』란 소설을 출판했다고 한다. 내 생애에 또 하나의 뭉클한 기쁨을 선사했다.

서삼독(書三讀)이란, 책을 읽을 때 반드시 세 가지를 읽어야 한다는 뜻이다. 첫째 텍스트를 읽고 다음은 저자를 읽고 마지막은 독자 자신을 읽어야 한다는 뜻이다. 한국 근대사를 다룬 일제강점기 여성의 성을 노예화한 문제와 제주 4·3 사건이 소설의 텍스트다. 어머니의 나라 한국을, 여성의 눈으로, 외국인으로 밖에서 안을 들여다보는 작가적 시각이 참신하다. 마지막으로 독자 자신을 읽어야 한다는 것은 우리의 역사를 새롭게 인식하며 자신의 정체성을 확인하는 일이다.

문학만이 개인의 삶을 기억하게 한다는 어느 작가의 말이 생각난다. 책을 펴면 목차가 없다.

1943년 여름 제주, 하나. 다시 2011년 겨울 제주, 아미. 이렇게 소설은 과거와 현재가 영상처럼 바뀐다. 1943년 여름 제주에서 열여섯인 하나는 해녀인 엄마와 함께 바다에 나가 물질을 한다. 아홉 살 아미는 바위 옆에서 그들을 지켜보고 있었다. 물질을 하다 숨을 고르기 위해 수면 위로 올라온 하나는 일본군이 동생이 있는 곳으로 다가가는 것을 보고 해안가로 헤엄쳐 동생을 구한다. 대신 일본군 모리모토 하사에게 잡혀 만주까지 끌려간다.

소설은 역사의 무자비한 바퀴에 깔려 짓이겨지지만 끊어질 듯 다시 살아나는 질곡 속 두 자매의 이야기다. 제주와 만주, 과거와 현재, 전쟁이란 상황에서 이루어지는 범죄의 현장, 위안소에서 잔혹하게 어린 소녀들이 유린당한다. 작가는 짧고 강열한 문장으로 독자를 밀어붙인다. 피부에 소름이 돋아 내 심장이 차갑게 멈춰버릴 것 같았다. 소설의 구성은 탄탄했고 강력한 흡인력을 가진 작가의 필치가 예리하다. 동생 아미는 제주 4·3 사건에 가족을 다 잃고, 홀로 살아남기 위해 어머니를 죽인 우익 경찰과 결혼한다. 아미는 혼을 다 빼앗기고, 그녀의 몸은 해녀로 물질하며 바다에서만 위안받는다.

그녀는 아들딸을 해녀나 어부로 키우지 않고 서울로 보내 다른 삶을 살게 한다. 한국 근대사의 피멍은 쉽게 가시지 않는다. 세상이 바뀌었다지만 오랜 세월 아미는 가슴앓이로 뒤척이며 하나 언니를 지울 수 없다. 소설은 1943년 여름 제주에서 시작해 1943년 조선, 1943년 만주, 2011년 제주, 그리고 2012년 겨울 서울에서 끝난다.

작가는 엄청난 난이도의 역사적 환란을 두 자매로 엮어나간다. 작가는 이렇게 말한다. "강간이라는 행위에 수반되는 수치심이 가해자에서 피해자로 전이된 것이다. 여성은 그 수치심으로 인해 더 큰 고통을 받는다. 위안부 할머니들이 50년 넘게 침묵해온 이유이다."

작가는 책을 통해 조국이 당한 일을 고발하고 있다. 위안부 여성과 해녀 이야기를 전 세계 독자들에게 알린다. 일본 정부가 국제사회에 전범임을 인정하고, 위안부 할머니들에게 진정한 사과를 해야 한다고 압박한다. 작가로서 얼마나 당당한 목소리인가. 이 소설을 쓸 수 있는 특권을 누리게 되어 영광이란다.

아미는 천 번째 수요특별집회에 참석한다. 평화의 소녀상 제막식이 있는 날이다. 아미는 군중을 헤집고 소녀상이 있는 곳으로 빠르게 발을 옮긴다. 소녀상을 바라보며 쓰러질 듯 간신히 그 앞에 가서 소녀의 얼굴을 바라본다. 놀랍게도 익숙하다. 아는 얼굴이다. 아! 하나 언니.

"엄마, 아버지! 드디어 하나 언니를 찾았어요."

동상으로 언니의 얼굴을 바라보는 자매의 해후. 그 순간의 비밀은 책 읽는 독자가 누릴 수 있도록 누설하지 않겠다. 작가의 이런 팩트를 숨겨 소설의 심도와 재미의 맥락을 끌어내는 숨은 역량은 독자를 감동으로 이끈다.

일본이 패망의 징후를 보이기 시작한 시점에서 잔인한 모리모토 하사는 부대를 탈출해 하나에게 함께 가정을 이루자고 한다. 하나는 탈출하기 전에 마지막으로 방에 가서 액자 속 사진을 떼어내어

가슴에 품는다. 하나는 모리모토를 용서할 수 없다. 이곳을 빠져나가기로 결심한 하나는 문을 밀고 나와 모리모토가 기다리는 곳과 다른 방향으로 뛰기 시작한다. 바다가 있는 제주로.

이 소설의 배경은 의식과 무의식의 세계를 오가며 과거와 현재를 이어간다. 하나의 어둠 속 탈출은 모리모토의 손바닥 안에서 잡히고 만다. 쓰러져있는 하나를 깨우는 그 순간의 고통을 작가는 이렇게 적었다.

"달구어진 바늘 수천 개가 뺨을 태우는 느낌이다. 피맛이 느껴진다."

하나가 느낀 통증은 하나 개인이 아닌 그곳 어린 소녀들 전부의 고통이었고 고스란히 내게도 전이됐다. 하나는 만주족 가정에 맡겨지고, 모리모토는 탈영계획을 세우는 동안 소련군에게 잡혀 처형된다. 하나는 위기를 넘어 몽골의 가정에 안착한다.

소설은 강력한 서사가 필수적이다. 두 자매 하나와 아미의 과거와 현재를 오가며, 독자를 서울의 수요집회에 한 사람의 군중으로 서게 한다. 외국 작가의 눈으로, 제주 해녀의 자연발생적인 강인함과 한국 여성의 정체성을 잘 살린 작품이다.

몇 년 전에, 일제의 잔혹한 성노예를 고발한 영화 <귀향>을 보았다. 영화감독 스티븐 스필버그가 유대인 학살을 주제로 해서 만든 <쉰들러 리스트>란 영화가 생각난다. 영어소설인 『하얀 국화』를, 전범인 일본의 성노예를 고발하는 영화로 만들어 세계에 알렸으면 하는 생각을 해본다. 이제 피해자 할머니들이 몇 분 남지 않았다. 한국 문단의 여성 작가들이 왜 이 문제를 직시하지 않았는지 작가들에게 묻고 싶다. 일본이 할머니들 앞에서 무릎 꿇고 진정한 사죄를 하는 그날을 기다린다. 작가는 이 책에서 한국 근대사의 아픈 근원을 돌아보게 한다.

 『하얀 국화』는 독자의 심연을 건드린 예리한 울림이 있는 작품이다. 슬픔과 아름다움, 남은 것과 사라지는 것들을 문학적 촉수로 잘 표현해 담고 있다. 20개국 번역본 책의 표지가 다양하다. 해녀의 그림과 소녀의 얼굴은, 나라마다 개성 있는 표지에 작품성 있게 넣어졌다.
 한국어 번역 『하얀 국화』의 표지그림은 브라질 동포 '찬' 할아버지라는 분의 그림이다. 미국의 뉴욕에 살고 있는 손자들을 그리워하며 그린 그림이 인스타그램을 통해 사연이 소개돼 글로벌 스타가 되신 할아버지의 그림이다.
 표지그림을 보고 있으며 하나가 한없이 그리워진다. '찬' 할아버지는 고국 어느 바닷가에 사는 소녀를 사랑하였나 보다. 하나가 제주 바다에 돌아온 듯 아니, 동생 아미가 하나 언니가 돌아오길 기다리는 듯 표지 그림에 빠져든다. 번역한 이다회는 '하얀 국화의 의미는 세상을 떠난 위안부 여성에게 바치는 추념의 꽃'이라고 했다.『하얀 국화』, 5권을 구매했다. 수요집회에 가져가 나누고 싶다. 많은 여성들에게 꼭 권하고 싶은 책이다.(2018년 9월)

마이 마더스 다이어리

내가 사는 이 광활한 텍사스에서 제일의 풍광은 아침 혹 저녁노을이 아닐까. 동이 틀 무렵 하늘은 지평선에서 천연 재료의 물감을 뿌린 듯 하루의 숭엄함을 펼쳐 보인다. 어둠을 걷어낸 연회색에서 분홍색으로 온통 붉은 빛이 하늘을 다 태우듯, 동녘은 태양을 잉태하기 위해 장엄하다. 해가 기운 저녁노을은 한 철학자의 고고한 죽음 같은 비장미가 느껴지는 서사시다.

단하(丹椵) 자하(紫椵)란 단어는 많이 쓰지 않는 말이다. 단하는 붉은 단에 아침노을을 의미하고 자하는 자색 저녁노을을 말한다. 『마이 마더스 다이어리』 첫 소설집을 펴낸 박혜자 선생의 아호가 단하이다. 박혜자 선생을 잘 아시는 지인께서 아침노을같이 밝고 열정적인 내면을 지녔다고 단하라는 아호를 주셨다. 그러고 보니 잘 어울리는 것 같다. 작가로서 희망찬 미래를 밝히리라는 뜻으로 지어 주신 단하의 아호가 첫 소설집에서 느껴진다.

『마이 마더스 다이어리』 단편집은 겨울을 지난 마른 가지에서 톡 터져 나온 연두 잎새같이 말간 얼굴을 하고 내게 왔다. 표지의 어머니와 찍은 오래된 사진 한 장이 옛 기억을 더듬게 한다. 이룰 수 없는 꿈 하나를 품고 있는 아홉 편의 단편이, 어머니로부터 분리돼서 우리에게로 다가와 이민자들의 새로운 서사를 펼쳐나간다.

박혜자의 단편은 다양한 주제를 폭넓게 제시한다. 이민자의 일상으로 무심히 넘기기에는 목에 가시 같은 통증이 느껴진다. 긴장과 회의의 끈을 늦추지 않는다. 단편의 제한을 넘어서 근원적인 진상과 인과에 대해 캐묻고 있다. 첫 작품 속에는 박혜자 자신의 문학적 활기를 전폭적으로 풀가동하고 있다. 세월은 덧없이 흐르는 것이라지만 마음을 실으면 아름다운 빗살무늬를 만들어 내기도 한다. 아홉 편의 단편 중 「서머 필드」 「안녕 레이디」 「마이 마더스 다이어리」 「쟌의 노래」 「슈퍼 세탁소」 「언덕 위의 집」 여섯 편을 골라보았다.

「서머 필드」는 아름다운 꿈과 현실의 애수를 함께 담았다. 텍사스에는 야생화들이 봄을 알린다. 주인공 선희는 봄이 되면 야생화 꽃씨를 사다가 상자에 넣어둔다. 언젠가 저 야생화 씨앗들이 햇살 좋은 들판에 뿌려져 꽃물결이 가득할 서머 필드를 그려본다. 딸 사라를 데리고 미군과 결혼하여 정착한 텍사스. 남루한 일상이 가득하다. 퇴역 군인의 무기력함으로 맥주를 마시며 풋볼경기를 보는 담배에 찌든 게으른 남편 빌리. 작은 집은 늘 안개 낀 히드로공항처럼 매캐한 담배 연기가 자욱하다. 그곳을 빠져나와 낡은 자동차를 타고 갈 곳이 있다는 선희의 자조적인 생각, 그러나 향하는 곳은 하루 12시간 일하는 세탁소다. 선희가 데리고 온 딸 사라는 총명하고 미래지향적이며 우등생으로 선희의 희망이다. 이민자들의 모든 희망은 자식에게 있듯 사라는 선희의 모든 삶의 중추였는데 어느 날 사라는 엄마의 희망을 배반하고 집을 나간다. 빌리가 위암으로 죽고 장례식 날 사라의 모습을 멀리서 잠깐 보았지만 사라는 사라져 버린다. 사라가 사라진 곳을 향해 "꿈은 다시 꾸면 된다. 사라 돌아와!"라고 외친다. 선희의 흙빛 절규가 우리들의 묵은 슬픔을 자극한다. 빠르게 바뀌는 극적인 장면처리가 단편의 묘미를 살리는 작가의 치밀성으로 돋보인다.

「안녕 레이디」. 21세기를 살아가는 작가답게 로봇이 등장한다. 도넛 가게에서 일하는 레이디는 베이킹 전용 로봇이다. 새벽 한 시부터 정오까지 도넛을 만드는 인간 자본시장에 등장한다. 미래지향적 작가의 소재가 발랄하다. 카운터를 보는 흑인 제니와 로봇과의 갈등에서 빚어지는 사건들이 주제가 되어 인간과 로봇의 한계를 뛰어넘는다. 오너인 미세스 김은 인간 제니보다는 로봇 레이디를 더 신뢰한다. 한 번의 실수도 용납하지 않는 로봇은 제니에게 도전하고, 제니의 일탈을 오너에게 알린다. 어느 날 제니는 로봇을 남자친구와 함께 망치로 부숴버린다. 인간의 비정함을 고발하는 시니컬한 내용이 오히려 반전을 이룬다. 부서진 로봇을 폐기처분하는 날, 레이디가 캔처럼 납작해진다. 오너 미세스 김은 눈물을 흘린다. 로봇과 헤어져야 하는 아쉬운 연민을 인간이 아닌 레이디에게 느낀다. 차가운 고철이 되어 원통에 담긴 레이디에게 안녕을 고한다. 기발한 착상과 돌발적이면서도 친근하고 흥미로운 이야기를 담은 전개가 새롭고 신선하기까지 하다. 인간 소비자가 소모품인 로봇에게 마음을 전하는 장면은 작가의 따뜻한 감성이 담겨있다. 가상이 아닌 정말 이런 로봇이 있다면 소자본으로 수익성이 보장될 것이다. 레이디 같은 로봇이 등장할 미래가 머지않게 느껴진다. 박혜자는 단편에서 낯선 패러다임을 제시했다. 책 읽기의 재미와 인생의 통찰을 함께 아우르는 시간이었다.

삶은 과거도 미래도 아닌 순간이다. 내가 느끼고 실제로 체험하는 모든 삶의 근저가 서사의 근원이 된다. 박혜자의 소설『마이 마더스 다이어리』는 이민자의 세계를 읽는 눈이 외부가 아닌, 등장인물을 통해 말한다. 미국의 이민 1세대와 이민 1.5세 사이에 낀 세대 어머니, 이제 늙고 병들어 해바라기 양로원에 위리안치 된 어머니는 생존의 의미와 자존심까지 건드려지고, 자신이 던져졌다고 느낀다. 소설은 현실의 불합리를 보여주면서 파렴치한 간호사들은 어머니가 기댈 천사가 아니라고 말한다. 육체적 장애와 언어의 장애를 동시에 지닌 어머니가 마지막 여생을 보내기에 미국 양로원은 지옥과 같은 곳이다. 나의 미래를 보는 것 같았다. 노년의 어머니들은 품위를 지키며 존중받아야 하지만 시설은 거대한 자본의 구조가 한 개인의 존엄을 지키기에는 너무도 열악하다. "결국은 홀로 외로이 마치 배가 파선한 뒤 무인도에 버려진 사람처럼 되는 것이다." 이 문장에서 언어가 불통인 비감이 전율로 느껴진다. 그곳에서 일어나는 몰염치한 간호사와 어머니 사이에 건널 수 없는 강은 사랑의 부재이다. 딸과 만나는 잠깐의 시간을 영원으로 느끼며 행복해하시는 어머니. 이 시간은 참담한 고독을 보상받는 시간이다. 어머니는 한국으로 되돌아가신다. 해바라기 양로원, 그 차가운 이방의 삶에서 해방된다. 박혜자 소설은 인간의 근본적인 노년의 문제를 다루며, 어머니의 벌목 당한 기억을 간간이 삽화처럼 따뜻하게 엮어간다. 가난했지만 푸근한 조국 고향에 기대고 싶은 내 마음이 아려온다. 이민자만이 쓸 수 있는 수작이다.

「쟌의 노래」. 혼혈아 쟌과 입양아 수우. 이 두 사람이 등장하는, 짧고 어둡고 불투명한 사유들이 작품에 둥둥 떠다닌다. 두 등장인물은 소리 내어 울지 않았지만 읽는 독자로 하여 울게 만든다. 쟌과 수우는 암울한 밑바탕에서 인간만이 빚어낼 수 있는 모순을 안고 성장했다. 쟌의 김치찌개와 야생동물에게 먹이를 나눠주는 그 마음과 입양아 수가 겪은 정체성. 양부모의 이기적인 패륜. 이들의 생을 책임질 사람은 아무도 없다. 수우와 쟌, 성장 과정의 혼돈에서 벗어나지 못하고 끝내 결혼생활도 이어가지 못한다. 수우는 페루 국제선교단원이 되어 제3국으로 떠난다. 소설적 반등의 함수관계가 오랫동안 나를 이 작품에 머물게 한다. 박혜자만이 지닌 예리한 소설적 접근에서 쉽게 방관자가 될 수가 없었다. 팩트는 깊은 상처의 아픔인데, 문장은 독자를 배려하는 마음으로 날카롭지 않다. 작가의 시각이 다양하고 깊다.

「슈퍼 세탁소」. 침울을 숨긴 첫 도입부에 경쾌한 서정이 넘친다. 미국인들의 생활방식과 현대인들의 삶의 질을 말한다. 세탁소에서 일하는 희정의 일상은 언제나 극과 극이다. 경쾌한 문장이 지루하지 않다. 단편의 분량을 최대한 살려 주인공 희정의 과거와 현재를 압축하여 독자를 끌고 간다. 한국에서 어머니처럼 살지 않겠다고 가출, 이태원에서 알바하다 만난 미군 스펜스와 결혼, 그 후 텍사스로 왔다.

고등학교 졸업장밖에 없는 그는 게으르고 책임감이 없다. 스펜스의 친구 빌리와의 동성애를 목격하고 짐을 싸서 나온다. 스펜스는 희정에게 영주권을 준 대가로, 그의 카드빚 3만 불의 절반을 떠안게 하고 이혼한다. 슈퍼맨 세탁소가 한가한 오후에 잠깐 꿈을 꾸는 장면이 137장에 나온다. "참으로 아름다운 꿈이다." 이 문장을 몇 번 읽었다. 가장 박혜자다운 글이다. 여기에 시사하는 바가 크다. 박혜자만이 지닌 일탈, 고품격의 사치스러움이 독자를 매료시킨다.

"누나 옷 가져 왔어요." 미스터 김의 등장. 이 소설의 매력은 설명이 없다. 늘어지는 문장도 없고 가볍고 탄력 있는 마무리가 희망적이다. 성공한 한인들을 가끔 만나기도 하는데 그들의 눈빛에서 지독한 공허와 쓸쓸함이 들어있다, 는 한 문장은 역시 그들도 그랬구나 하며 나를 위로한다. 텍사스 이민자들에게 어깨를 내주고 싶다. 작가의 역량을 기대해도 좋을 것 같은 예감이 든다.

「언덕 위의 집」. 남동생을 등장시켜 소설을 끌고 간다. 뉴왁이라는 컨츄리에 더 넓은 집을 사서 이사 온 지 보름 만에 들판의 고요를 깨우는 총성이 들렸다. 총기 문제가 한 가정의 평화를 깨트리고 누나는 가방을 들고 가출한다.

과감한 소재 선택은 팽팽한 긴장으로 이어질 것 같으나, 오히려 약간의 느슨하고 희극적 요소가 있어서 독자들의 부담을 덜어준다.

"트럼프가 대통령이 되더니 이제 버젓이 동네 한가운데서 사격 연습을 하는 컨트리 치킨이 생기는구나. 도대체 우리가 사는 이곳이 21세기 미국인지, 무법천지 서부시대인지 모르겠다. 내가 미쳤지. 이런 컨트리로 이사를 오다니."

누나의 이 말에는 정치적 그리고 사회적 의미가 깔려있다. 미국은 총기사고로 얼마나 많이 희생되고 사회문제가 일어나는데도 총기규제 법안의 통과는 요원하다.

박혜자만이 감지하는 스파이크, 이민자의 소설 쓰기 범주에서 벗어나 어떤 문제에도 넘나들 수 있음을 보여준다. 작품 전체에 비극적 요소가 깔려있지만 어둡지 않고 지적 낭만과 번뜩이는 예리함이 빛을 발한다.

단편의 원고 분량이 쾌적하다. 종결은 독자의 상상으로 남겨둔다. 동양화로 말한다면 여백의 미라고나 할까? 『마이 마더스 다이어리』 단편들의 전체 풍경은 문장을 그림으로 치환해 스스로의 이야기를 만들어 낸다는 느낌이다.

지적 감각과 존재의 의미, 실체와 허구가 잘 조화된 좋은 소설이다. 의미와 주제, 모든 비유와 상징을 통해 공감을 형성하며 그 속에 등장인물들을 응원하게 만든다. 달라스 문학회에서 함께한 세월 동안 본 그녀의 진목을 이제 더 확실히 보게 됐다. 달라스에 새롭게 자리매김할 박혜자 작가의 첫 단편 소설집 출간을 진심으로 축하한다. 단하의 열정으로 다음 작품집을 기대한다.

인문학이 좋다

이번에는 『헌법의 풍경』이라는 좀 생경한 책을 선했다. 교양인 출판사에서 초판이 2004년 6월에 나온 책이다. 나는 개정 증보 5쇄 발행을 구입 2013년에 읽었다. 좋은 책은 시간이 지나도 여전히 팔린다. 이 사실은 10년 동안 꾸준히 독자들이 찾았다는 증보 5쇄라는 기록에서 알 수 있다. 한국문학의 수작들 예를 들면 이청준의 『당신들의 천국』 같은 소설은 내 짐작으로 50쇄가 넘지 않았나 싶다.

책이 처음 출간된 것은 2004년 노무현 대통령 탄핵소추라는 초유의 사건으로 나라의 명운이 "법"과 그 "법"을 다루는 소수 엘리트의 손에 달렸던 때였다. 법에 대한 관심이 국민들로 부터 커져간 시기이기도 하다. 제헌절 67주년이 되는 해로, 대한민국 법의 나이도 성년을 넘어 고희에 가까운데, 헌법재판소에서 통진당을 해산

하는 헌재의 기량을 과시하기도 했다.

올해 광복 70년이다. 현대사적 역사를 유추하며 헌법의 가치를 논하는 이 책이 너무 늦게 우리에게 온 것 같다. 나라의 초석은 헌법으로부터 국민의 자유와 인권을 보장받는다. 그러나 헌법은 진정 국민의 자유와 인권을 보장하고 국민을 보호하고 있는가? 법은 오랫동안 국민 위에 군림하며 국가라는 이름의 괴물이 되어 국민을 유린해 왔다.

저자 김두식 교수는 최고 권력 검사의 법복을 삼 개월 만에 벗고 유학을 떠났다. 코넬 대학에서 헌법, 사회보장법, 증거법, 국제인권법, 노동법 등 평소 관심 있는 분야를 공부했다. 미국에서 유학을 하는 한국 법률가들은 대개 정치법, 상법, 국제거래법 등 돈이 되는 공부를 하는 것이 대부분인데 그는 궤도를 이탈해 남다르게 사는 자유를 선택했다.

마침내, 좀 거칠더라도 "읽어야 할 책 대신 읽고 싶은 책"을 읽는 길을 그는 가기 시작했다. 이 부분을 읽을 때 참으로 공감이 가고 통쾌했다. 사람은 자기가 하고 싶은 일보다 전공에 의해 선택된 일을 하기 때문이다. 돌아와 경북대학교 법학전문대학원에서 후학을 가르치고 있다.

법을 통하여 법이 국민을 지키는 것이어야 한다며 바른 정의의 실현을 외친다. 지난 역사 속에 매몰된 검찰 공화국의 비리들을 날카롭게 비판한다. 판사, 검사, 변호사가 되기 위한 사법연수원 과정은 특권집단의 특권의식이 팽배하다. 법이 국가라는 명분을 가진 괴물의 수족이 되어 제 역할을 감당하지 못했다는 점을 말한다.

우리나라 최초의 똥개변호사 1호는 이 책에서 古 노무현 전 대통령이라고 했다. <변호인>이란 영화를 통해 한 변호사의 고독한 투쟁으로 부림사건이 알려졌다. 명문대 선후배도 없는 상고 출신에 폭압의 시대에 홀로 투쟁하는 똥개 같은 근성의 인간적인 변호사를 만날 수 있었던 영화다.

권력의 시녀인 검찰 공화국에서 일어나는 모든 일. 국가라는 거대한 괴물의 벽 앞은, 개인으로는 도저히 서 있는 것조차 힘이 든다. 시녀가 되기를 거부하는 자들이 모여 법에 따른 투쟁을 해서 많은 사건의 은폐된 진실을 파헤친다. 대한민국 최고 지성인 그들이 변질한 법을 집행하는 과정은 살벌하기만 하다. 이 책은 파렴치함과 비정함이 다시는 반복되지 않기를 바라는 헌법에 바치는 헌정의 책이다.

법률가들이 나름대로 결론을 내리는 과정에서 작동하는 그 어떤 것은, 논리보다 직관에 가까운 개념의 리갈 마인드(legal mind)

란 생소한 단어이다. 리갈 마인드란, 소수 법률가들이 독점을 합리화하는 수단으로 쓴 '잘 훈련된 법률가'란 뜻이다. 우리는 리갈 마인드들이 군림한 시대를 겪어 왔다.

정치뿐만 아니라 문화 예술도 리갈 마인드를 지닌 자들에 의해 문제가 생긴다. 마광수 교수의 『즐거운 사라』가 서울지검 특수부에 기소됐다. 음란과 예술 사이에서 난도질당한다. 무슨 권력형 비리도 아닌데 특수부라니. 만화가 이현세의 『천국의 신화』 장정일의 소설 등. '젖꼭지와 털 사이'라는 소 부제로 신랄하게 파헤쳐진 글이, 법을 집행하는 자들의 몽매함을 짚어 유죄와 무죄 사이의 정답은 없다며 신랄하게 대응한다.

국가란 이름의 괴물, 이 거대한 벽은 민초가 넘어서기에는 애당초 절해고도다. "나는 자랑스러운 태극기 앞에…" 군사독재 시절에는 국기에 대한 경례로 애국심을 강요하며 국가는 우리를 지켜주는 고마운 존재임을 주입한다. 그러나 지난 5·18 광주 민주화 사태는 국가가 국민에게 무엇을 해줄 수 있는지, 국가란 이름의 괴물을 헌법의 차원에서 설득력 있게 보여준다.

법률가의 탄생에서는, 괴물의 수족이 된 사람들에게 왜 법률가가 되려 하냐고 질문하자 "가난하고 소외된 이웃을 돕기 위해"라고 답한다. 그들만의 모범답안이다.

그들이 진정 가난하고 소외된 이웃을 이야기하는 법조인이었다면, 법과 시민 사이의 엄청난 괴리 현상은 없었을지도 모른다. 내가 기억하는 한 분의 법률가가 있다. 조영래 변호사. 언젠가 『조영래 평전』이란 책을 소개한 적이 있다. 헌법의 정신이 기본권리를 망각하지 않고, 차별받지 않을 권리를 위해 힘을 쓰고, 법률 서적에 갇혀있는 법전이 아닌, 법을 모르는 일반인도 소중한 인권을 찾을 수 있다는 것을 보여준 책이다. 힘의 강압으로 잃어버린 헌법을 찾아 나서는 한 법학자의 양심의 소리가 담겨있다. 법이 서민의 등불이 될 날이 머지않음을 예고한 헌법의 풍경이 보인다. 오직 수직 상승을 위해 달려온 법률가들이 아닌, 시대가 요구하는 똥개변호사들의 개막으로 법조계가 변화되는 희망을 기대해 본다.

법과의 친화를 느끼며 문장의 서술이 딱딱하지 않고 헌법이란 개념이 재미있을 수 있다는 게 신기하다. 지난 역사의 오류도 바로 지적한 용기 있는 저서이다. 『헌법의 풍경』은 인문학에 대한 묘한 흥미를 유발한다. 근엄한 법조인의 틀을 깨고 자신의 깊은 내면을 기꺼이 드러내 보인 책으로, 한국의 인문서가 한 단계 높아졌다고 생각한다. 차별받는 소외된 약자들에게 한 권씩 나눠주고 싶은 책이다.

황진이 다시 읽기

　책은 나의 인생에 또 다른 동반자이다. 책이 유혹할 때만 나는 빛난다. 다시 읽기로 그 책의 존재를 확인할 때가 있다. 다시 읽은 책들을 한국문학 장편만 나열하자면 『장길산』 『토지』 『태백산맥』 『당신들의 천국』 『혼불』. 다시 읽기 시작한 책은 다 열거할 수 없이 많다. 그중 『황진이』 다시 읽기에 들어가니 달콤하고 쌉싸름한 강초같이 시고 왕소금 씹은 듯 짜고 불맛같이 매워 눈물을 흘리게 한다. 그 맛에, 다시 읽는 몰입의 쾌감을 느낀다.

　한국문학에서 황진이 소설은 1936년 이태준으로 시작하여 정한숙, 박종화, 유주현, 정비석 그리고 최인호가 『현대문학』에 발표한 단편 황진이를 비롯해 전경린의 장편까지 작가라면 한번쯤 쓰고 싶을 것이다. 지금 내가 다시 읽은 『황진이』는 남한에서 2002년에 제19회 만해문학상을 탄 북한 작가 홍석중의 책이다.

저자 홍석중은 『임꺽정』을 쓴 벽초 홍명희의 손자이다. 백호 임제는 평안 부사로 부임해 가던 길에 황진이의 무덤에 한잔 술을 붓고 시 한 수 읊었다는 것이 알려지자 부임하기도 전에 벼슬이 떨어졌다. 임제의 시를 옮겨 본다.

청초 우거진 곳에, 자난다 누웠난다, 홍안은 어디 두고, 백골만 묻혀난다, 잔 잡고 권할 이 없으니, 그를 설어 하노라.(원본)

황진이는 이조 중엽 송도 황 진사 댁 고명딸로 태어났다. 황진사 부인의 죽음으로 한 가문의 위선과 치부가 드러나고 황진이는 종의 서녀임이 밝혀진다. 조선 시대 여성 예술가로, 화가 신사임당과 시인 허난설헌이 있다. 황진이는 명기이자 예인으로, 남성 못지않게 기개가 있는 인물로 대칭된다.

진이 생모는 황 진사 부인이 시집올 때 데리고 온 교전비 진현금이다. 조선 시대의 악법 '노비종모법'으로 어머니의 신분에 따라 결정되는 서출이라는 신분의 굴레에서 황진이 또한 벗어날 수 없었다. 출생 비밀이 밝혀지고 한양 윤 승지 댁에서 진이와의 혼사를 파혼한다고 알려왔다.

문벌이나 핏줄을 목숨보다 중히 여기는 그 시대에 파혼을 당한 진이는 기녀가 되는 길을 선택하였다. 황진이는 사대부들의 이중

성을 조롱하고 고발한다. 양반도 상놈도 다를 바 없다는 급진적 성향의 기생 황진이의 짧은 생애. 생불로 불린 지족 대사를 파계시키고 학식과 권세를 겸비한 조선 사대부 최고의 군자라 자부하는 벽계수를 유혹했다.

용모와 학식을 겸비하고 시대를 뛰어넘어 선이 빼어나게 아름다운 여인, 굴종의 조선 시대에 황진이가 있었다는 것은 여성으로서 자부심을 느끼게 한다.

이조 판서 소세양과 3일의 초월적 사랑. 기생 황진이, 명승 박연폭포, 화담 서경덕은 송도삼절이라는 이름을 남겼다. 그중 화담 서경덕을 통해 소설의 역동성을 재현한다. 그러나 그보다 더 강렬한 이 소설의 주인공인 놈이는 황진이의 기둥서방으로 나온다. 놈은 어린 시절 진이의 종이다. 아씨를 화염같이 사랑한 놈이를 송도 류수가 죄를 엮어가는 작가의 필력은 참으로 대단하다. 북한 사회에서 나온 소설이라기에는 작가의 상상력이 파격적이고 사실과 허구로 그린 심리적 인물 묘사와 서사적 힘이 치밀하다. 소설로 이념과 분단의 벽을 허문다. 문학예술만이 지향할 수 있는 통일로 가는 하나 되는 민족의 힘이 느껴진다.

춘향과 황진이는 사임당과 또 달리 대칭이 된다. 서모에게서 태어난 춘향은 여인의 정조를 지킨 절개의 상징이고, 황진이는 정조나 절개를 초개처럼 버린다. 양반을 훼절시키고, 위선과 방탕한 양반들만의 유교적 요구에 부응하는 절개와 정조의 가치를 두지 않는다. 황진이는 황 진사의 고명딸이 아니라 이제 서녀 신분으로 놈이라는 사내에게 정조를 주고 기둥서방으로 등활지옥 칼산 길을 선택하여 환골탈태의 허물을 벗는다. 여인의 정절이라는 건 죄인들의 발목을 묶는 착고와 같은 것이다. 청루에 가서 기생이 되겠다는 황진이의 마음은 차돌처럼 단단하고 얼음처럼 차가웠다.

기생이 된 황진이는 용모가 빼어나고 기예(가무와 시조)가 가히 으뜸이다. 송도 류수 김희열을 통해 작가는 황진이를 이렇게 말한다.『황진이』2편 131 "지금까지 색계의 즐거움을 구석구석 빠짐없이 편답했노라 자처해 왔으나 진이를 만나보고서야 비로소 슬기와 재기, 지성과 예지가 조화된 넋의 아름다움이 어떤 것인가를 알게 되었다. (이런 양반의 넋두리에 화가 치민다.) 황진이의 온몸에서 뿜어내는 영발한 기상은 그 넋이 타오르는 불길이고 맑은 눈과 홍안에 번뜩이는 변화한 풍정은 그 불빛에 어린 노을이며 그 현란한 불빛과 아름다운 노을은 가깝게 다가서려고 억지를 부리거나 강다짐을 쓸수록 멀어지는 불가해한 신기루였다."

이런 김희열이 관가의 포흠(비리)으로 형방 비장에게 꼬리가 잡혀 사건에 연루되면서 놈은 억울한 죽임을 당한다.

황진이는 몸종 이금을 친구같이 대하며 노비 문서를 태우고 괴똥이와 혼례를 준비한다. 자신이 이루지 못한 꿈을 대신해서 이금이와 괴똥이의 사랑을 맺어주기 위한 것이다. 양반들과 부상대고의 여편네들이 질투심이 날 지경이다. 어느 고관대작의 규수보다 더 으뜸가는 혼례가 된다. 그 무렵 송도 살인사건이 일어나고, 혼인날에 괴똥이가 잡혀간다. 일어나는 모든 일의 중심에는 김희열의 비열한 음모가 있다. 음모의 회오리 속으로 인물들을 몰아가는 소설의 종결 부분이 최고조의 꼭짓점에서 고요히 하향한다.

마지막에 황진이는 분노와 한을 품고 송도를 떠나 생애 마지막 소리꾼 양반 이시종과 금강산을 유람하며 떠돌이 거지로 살다 홀연히 사라진다. 황진이가 남긴 유명한 시조 한 수는 현대 시에 견주어도 빼어나다. 황진이가 진정한 시인임을 증명한다.

> 동짓달 기나긴 밤을
> 한 허리를 버혀 내어
> 춘풍 니불 아래 서리서리 넣었다가
> 어른님 오신 날 밤이여든
> 구뷔구뷔 펴리라 (원본)

운우지정을 노래한 조선 최고의 명시로 손색이 없다.

책, 생의 버팀목 그 눈부신

이윤홍(시인. 소설가. 현 미주가톨릭문인협회회장)

최정임 수필가가 그동안 써놓은 수필 중 55편을 보내왔다. 5부로 나누어진 수필들을 읽어나가는 동안 한 수필가의 삶이 눈앞에 파노라마처럼 그려진다. 어떤 글은 놀람으로 다가왔다. 또 어떤 글은 감동으로 그리고 다른 어떤 글은 참으로 바보처럼 미욱한 미련퉁이로 다가와, 그 글을 읽고 난 후 가슴이 아파오는 것을 느끼기도 했다. 여기 그 55편 중 이런저런 사연으로 마음을 찡-하게 만든 글 몇 편을 소개하고자 한다.

최정임 수필가가 누구인가 하는 것은 굳이 여기에서 이야기하지 않아도 될 성싶다. 왜냐하면, 만일 당신이 미국 여행 중, 혹은 무슨 다른 일로라도 텍사스에 있는 킬린(Killeen)을 방문하거나 잠시 머무르게 된다면 당신은 야외스와밋 어느 한 곳에서, 혹은 한국 마켓 시식코너에서 혹은 성당에서 혹은 문학모임 등등 어디에서든 최정임 수필가를 볼 수 있기 때문이다.

키는 작고 참으로 볼품없는 고희를 넘어선 여자가, 자신을 닮은 고물 몇 가지를 펼쳐놓고 앉아서 책을 보고 있다든가, 사우나 찜질방에 누워서 독서 삼매경에 빠져있다든가, 혹은 시식코너에서 시 한 편을 나누어주고 있는 광경을 목격하게 된다면 그건 바로 당신이 최정임 수필가를 만나는 순간이 될 것이다.

조금 과장해서, 만 권에 가까운 책을 읽었으나 글쓰기를 독학하여 거칠고 투박한 문장이 몸에 밴 여자. 그래도 쉬지 않고 신문 잡지 문학 동인지 등등 모든 기고할 수 있는 것에 거침없이 글을 발표하는 여자. 그 질박하고 꾸미지 않는 어떤 때는 고개를 갸웃하게 만드는 글맛에 반한 사람들을 평생 벗으로 사귀고 있는 수필가.

어떤 이들은 책 읽는 일을 평생의 낙(樂)으로 삼고 어떤 이들은 업(業)으로 삼으며 책을 가까이하고 있다. 그들에게 책은 즐거움이며 밥벌이다. 그러나 책이, 한 사람의 모든 삶의 버팀목이고, 춤 비나리인 경우는 최정임 수필가뿐이다. 나는 그렇게 단언할 수 있다.

그녀의 55편의 수필을 읽으면서 그렇게 느꼈기 때문이다.

　최정임 수필가의 책 사랑 글 사랑은 외할머니와 어머니로부터 물려받았다. 이것은 최정임 수필가의 첫 번째 수필 「나의 문학의 모태」에 언급되어 있다. 그 글 속에서 그녀는 자신의 문학의 태동은 어디인가를 자문하면서 외할머니와 어머니에 대한 기억을 더듬는다. 그 아련한 기억 속에서 두 분에 대한 기억은 아주 또렷이 떠오른다.

　- 나의 문학, 그 태동은 어디서부터인가? 생각하니 그동안 잊고 살아온 풍향 조 씨 나의 외할머니가 시원인 것 같다. 그리고 그다음은 나의 어머니가 아닐까 하는 생각이 든다. -중략

　- 외할머니는 어린 나의 마음을 훤히 꿰뚫어 보셨는데 실명하시고 난 후 몇 해를 더 살다 가셨다. 외할머니는 문학은 모르셨지만 자연과 아름다움에 대한 감성은 고스란히 나에게 전달되어 나의 글쓰기의 모태가 된 것 같다. -중략

　최정임 수필가의 외할머니가 자연에 대한 순수한 감성과 심안으로 문학의 토대가 되어주었다면 어머니는 그 토대 위에 문학을 쌓아 올릴 수 있도록 직접적인 영향을 주신 분이다.

　- 어머니는 책 읽기를 즐기셨는데 독서 또한 내가 물려받은 최

고의 유산이다. 일제강점기 때 조선어 시간 외에는 조선 역사를 안 배웠다 하시며 박종화의 역사 소설을 즐겨 읽으셨다. 박경리의 『토지』와 이청준의 『당신들의 천국』을 읽으시고 두 작가는 큰 글 쓰겠다고 하셨다.

어느 날은 내가 보던 독일 전후 작가 보르헤르트의 소설을 어머니도 나 몰래 읽고 책 속에 고무줄을 끼워 놓으신 걸 보고 혼자 미소 지은 적도 있다. -중략

유년기에 두 분의 영향을 받은 최정임 수필가는 평생토록 그 그늘 속에 있는 자신을 발견한다. 최정임 수필가가 글쓰기에 힘들 때, 혹은 삶의 길 위에서 지쳐 머뭇거릴 때 따가운 햇볕을 피해 때때로 들어가 쉴 수 있는 그늘이 있다는 것은 얼마나 위로가 되는 피난처인가. 그리고 그 그늘은 최정임 수필가에게 얼마나 아름다운 쉼터인가. 그러나 삶은 그 두 분의 그늘 속에 들어가 쉬기에도 힘든 때가 종종 발생한다. 이것은 최정임 수필가뿐만이 아니라 우리 모두에게도 그럴 것이다.

나는 「수갑, 그 차가운 기억」을 읽으면서 여러 이민 생활자들이 들려준 수많은 이야기들 가운데 이 글만큼 눈물이 솟아났던 경우는 없었다. 수필의 제목 자체가 차갑게 느껴졌는데 글을 읽어 내려

가면서 그 차가움을 더 실감할 수 있었다.

새벽 5시. Foot Hood(미군부대) PX 안에 있는 작은 은행을 청소하러 들어가는 순간 미친 듯이 울리는 비상벨. 일시에 들이닥치는 헌병들과 손에 채워지는 수갑. 이 순간 누군들 정신이 남아있겠는가.

- 순간 나의 뼈들이 바스러져 지는 듯 나는 그 자리에서 구약성서 속 롯처럼 소금기둥이 되고 말았다. -중략

그리고 헌병대, 어린 딸아이의 울먹이는 목소리. 한 마디도 못 알아듣는 그들에게 그녀는 한국말로 당당하게 외친다.

- "수갑으로 나의 자유를 감금할 수 없다. 나는 굴하지 않고 박탈당하지 않는다. 너희들이 희랍인 조르바를 알아. 수갑을 차도 난 자유인이야, 자유인이라구." 마음은 처음처럼 불안하지도 않은데 몸이 춥다. 엄마와 온돌방이 그립다. -중략

아주 조그만 한국여자가 조금 시간이 지나 조금 정신이 돌아오자 영어만 떠들어대는 헌병들을 향해 한국말로 호통치는 모습은 장쾌하다 못해 눈물이 다 난다.

수십 년이 흐른 후 이제 그녀는 말한다.

- 이제 슬픔 몇 개는 거뜬히 삼킬 수 있는 튼튼한 위장과 산자의 서러움이 노래가 되어 저무는 노을을 한가로이 건너갈 수 있는

세월의 강을 지나왔다. 이제 나의 어린 딸은 미국 사회에서 당당한 한국의 장한 딸로 커서 이민 1세의 아픔 위에 피어나는 꽃이 되고 나의 바람막이가 되었다. 고난은 인생의 미래를 위해 뿌려진 거름이며 단단한 씨앗인 것을… -중략

정말 가슴을 울리는 한 편의 수필이다.

최정임 수필가는 한국마켓 시식코너에서 식품을 판매한다. 주말마다 달라지는 음식 아이템을 사람들에게 시식하게 하고 그 상품을 판매한다. 상품을 파는 사람이 그날 팔아야 할 상품에 대한 지식이 풍부해야 상품을 자신 있게 권유할 수 있을 것이다. 지금 최정임 수필가는 젊었을 때 아무리 권유해도 먹지 못한 순대를 팔아야 한다. 그녀는 순대 맛을 느끼기 위해 눈물겨운 시도를 시작한다. 그리고 드디어 판매를 시작한다. 고객의 마음을 잡을 수 있고 발길 멈추게 하는 멘트는 무엇일까?

-"할머니의 옛날이야기가 소복소복 들어있는 속이 꽉 찬 순대"

"등이 휜 엄마의 사랑으로 만들어진 눈물 같은 순대"

"시장 좌판에서 땀 흘리는 노동자에게 한 줌 더 썰어 얹어 주는 순대"

앞치마 두른 아줌마의 인정 어린 넉넉한 선심. "자, 순대 드시고 가세요, 순대" 오늘은 북적거리는 시장에서 좌판을 연 순대 아줌마

가 된다. -중략

손님들은 발걸음을 멈추고 서서 바라보다가 한마디씩 던진다.
"아줌마, 너무 재미있게 순대를 사게 하네요."

순대 한 줄을 팔기 위해 자신의 문학적 재능을 아낌없이 발휘하는 최정임 수필가의 열정과 노력 그리고 순대 이외의 덤으로 최정임 수필가의 구수하고 재미있는 이야기 한 보따리를 들고 나가는 손님들의 마음이 따뜻하기만 하다. '순대 파는 왈순아지매'는 시적 표현이나 산문의 수사적 표현 하나 없이 장터의 말투 하나만으로도 우리 마음을 잡아당기는 감동이 스며있다.

최정임 수필가에게 '금쪽'이 생겼다. '금쪽'이란 무엇인가. 아주 작은 금이기도 하지만 비유적으로 말하면 '자신에게 아주 귀한 것을 의미할 것이다. 예를 들면 스승의 유언은 제자들에게 '금쪽'으로 남았다, 라든가. 길이 막히는 바람에 그는 금쪽같은 시간을 길 위에서 허비하였다, 라는 표현일 것이다. 가장 흔하게 사용되는 것은 '아휴, 금쪽같은 내 새끼'라는 표현일 것이다.

최정임 수필가에게 '금쪽'은 이제 만 2살 9개월이 된 손녀 가은이다. 가은이의 손짓 눈짓 몸짓 하나하나는 모두 할머니의 마음을 사로잡는 한 줄의 시이며, 수필이며 소설이다. 가은이의 동작 하나하나에 문학이 다 들어있다. 손녀 가은이를 바라보고 있노라면 아픔도 치유된다.

-사랑이 묘약 되어 나는 아픔을 털고 일어났다. 풀이 바람에 눕다 바람으로 일어서듯… 나는 오늘도 텅 빈 집에서 금쪽의 낭랑한 웃음을 채집한다. 신의 마지막 선물인 금쪽으로 이미 나는 마음이 훈훈하고 봄의 기운이 감돈다. -중략

최정임 수필가에게 금쪽이 생긴 것은 정말 신의 선물일 것이다. 그동안의 모든 상처와 아픔을 치유 받을 수 있는 귀중한 금쪽을 신은 최정임 수필가에게 내려 주신 것이다. 할머니와 아기 가은이의 사랑이 마냥 아름답기만 하다.

수필을 읽어 내려가다가 「삶의 무게가 느껴질 때」에서 잠시 멈추었다. 이 수필 하나만으로도 나는 최정임 수필가의 삶을 깊숙이 들여다보았다는 생각이 들었기 때문이다.

-이민 3년도 안 되어 이혼 후, 어린 딸과 둘이서 거주가 간편한 아파트에서 살다 보니 잔디를 깎을 일은 없었다. 이제 딸이 가장이

되어 주택으로 이사를 온 지 2년이 되었다. 감나무와 무화과나무 석류나무가 있는 아름다운 집, 넓은 잔디를 땀을 흘리며 라모를 운전하는 모습에 이제야 안도한다. 여리어 잘 우는 어린 시절, 부모의 이혼으로 상처가 있는 아이로 자랐지만 엄마가 되고 자기 앞의 생을 당차게 살아내는 딸의 모습이 아름답고 당당하게 보인다. -중략

-이민 27년 동안에 몇 번 낯선 집으로 쓸쓸히 돌아와 맥없이 어둠에 홀로 앉아 지새운 적막이 숨 막힐 때가 있었다. 그 당시의 집은 집이라기보다는 지친 몸을 누이는 잠자리에 불과했었다. -중략

어둡고 막막했던 터널을 지나와 이제 가장이 된 딸과 함께 황무지에 던져져도 기필코 이겨나가는 한국의 엄마와 딸의 모습을 보여주고 있다. 딸 임재린이 15살에 쓴 시 「어머니」를 나는 한 줄 한 줄 숨결을 조절하며 읽어 내려갔다. 엄마에 대한 딸의 사랑, 딸에 대한 엄마의 사랑이 가슴 뭉클하게 느껴지고 있었다.

최정임 수필가는 엄청난 독서광이다. 서두에서 언급했듯이 가히 만 권의 책을 읽은 분이다. 독서량이 이렇듯 많은 분이니 제5부에 언급된 여러 가지 책들 가운데 하나 혹은 두 개를 뽑아 이야기하기가 그렇다. 해서 제5부에 나열된 책들 이야기는 직접 읽어보시기를

권유한다.

하나도 빠짐없이 다 읽어보시기를 권유한다. 왜냐하면 우리는 독서를 통해 보다 정확하고 바르게 자신을 표현하는 방법을 익힐 수 있는데, 책 읽기의 어려운 과정을 최정임 수필가 자신의 통찰을 통하여 얻은 사색으로, 우리에게 쉽고 바르게 책의 길로 안내해주고 있기 때문이다.

최정임 수필가의 삶 속에는 굴곡진 곳이 많다. 그 굴곡진 곳들, 단순한 아픔의 덩이들이 뭉쳐있는 것이라면 우리는 굳이 여기 수록된 55편의 글을 읽을 필요는 없을 것이다.

그러나 누구는 그 뭉친 삶의 굴곡을 평생 대못으로 가슴에 박고 사는 이들도 있지만 최정임 수필가는 그 굴곡의 덩어리를 밤하늘의 별들처럼 아름다운 것으로 바꾸어 놓았다. 굴곡진 고비마다 빛나고 있는 생의 보석. 55편의 수필을 통해 우리는 그것을 만나보아야만 한다.

어머니라는 신앙
– 최정임 수필가의 수필집 출간에 부쳐

김선아(시인)

연금술사의 작가 파울루 코엘류는, 한 소년이 꿈을 찾아가는 과정 속에서 길을 헤매고 있을 때 등장인물을 대신하면서 소년에게 이렇게 말했다.

"아름다운 정원을 모두 돌아본 후에도 숟가락에 담긴 기름이 그대로 있어야 한단다."

나는 작가의 이 말을, 삶을 살아감에 있어 감성과 이성이 적절한 조화를 이룰 때만이 성공적인 삶을 이룰 수 있다고 마음대로 해석했다. 만일, 넋이 나갈 정도로 아름다운 정원을 둘러본다고 치자. 그 아름다운 정원에 피는 꽃들과 새들과 정원에 내려앉은 햇살과 구름과… 아마도 나는 거기에 온통 마음을 빼앗김은 물론, 어느새 나 자신이 숟가락을 들었는지조차도 까맣게 잊어버리고 말 것이다. 나는 그 작품을 읽을 무렵, 무척이나 여린 감성에 무게감이 쏠려 삶의 경계에 한 다리를 슬쩍 걸치고만 있었다. 깨달음이 있으려는지 누가 내 뒤통수를 제대로 친 것 같더라니. 내가 생의 이쪽으로 의식의 무게추를 옮김은 당연한 일이라 하겠다. 그러고 나자 무언가 밝아지는 듯했다. 나는 그 느낌을 아직도 생생하게 기억한다.

얼마 전 최정임 씨는, 이십 년 우정이라는 것밖에는 아무 보잘것없는 내게, 작품에 대해 한 문장의 코멘트를 해 달라는 이야기를 전해왔다. 뭐라고 쓸 건가, 그럴 주제가 되나? 누군가의 글에 코멘트를 한다는 자체는 참으로 조심스러운 일이어서 차일피일 핑곗거리를 찾고 있었다. 나는 마음이 내키지 않아 심드렁하게 말했다.
"작품 몇 개만 보내 보세요."
그러고 시간이 흘렀다. 하던 일을 마무리 짓고 그녀의 이메일을 읽기 시작했다. 그리고 나는 또다시 교만한 사람이라는 것을 알았다. 평소 최정임 씨의 글쓰기에 대해 너무 과소평가하고 있었음을, 하나의 작품이 탄생하기 위하여 삶은 반드시 정직한 기도로 닦아야 한다는 것을 말이다. 나는 그녀의 작품들을 일별하면서 참으로 넓고 깊은 의미들이 서투른 맞춤법 속에서 묵직하게 빛나고 있음을 비로소 알아차렸다. 그렇구나, 말 몇 마디로 사람을 평가할 수 없구나. 드러난 것은 아주 조금이구나. 나는 그녀의 작품들을 읽으며 겸손해져 갔다. 그러면서 작품을 관통해가는 것이 무엇인지 나름대로 살펴보았다. 나는 그녀의 작품들과 비슷한 작품이 무엇인지 떠올려 보았다. 그러자 언젠가 읽었던 조병화 시인의 『어머니』라는 시집이 떠올랐다. 그 시집을 읽으며 느꼈던 것은 조병화 시인에게 어머니는 신이었다는 것이다.

어느 날, 위기 속에서 삶의 전환점이 오고 있었다. 그 사람은 느닷없이 혼자가 되었다. 그 사람은 영어를 몰랐다. 어떠한 기술도 없었다. 그래서 눈물로 목마름을 달랠 수밖에 없었다. 그렇게 절망으로 끼니를 놓쳤고, 가족으로부터 내팽개쳐짐을 당한 자의 부당한 항변은 삭혀질 기미가 보이지 않았다. 그녀의 처음 이민 5년은 그처럼 캄캄한 동굴의 생활이었다. 울기에 지친 그녀는 동굴의 출구를 더듬더듬 찾기 시작했다. 프리마켓, 그녀는 그것을 물고기 낚는 법이라고 말했다.

최정임 씨는 평범하지 않다. 그녀의 프리마켓으로 향하는 발걸음은 피크닉 가는 기분으로 가볍다. 과연 누가 진심으로 그리할 수 있겠나. 텍사스에 지천으로 핀 블루바넷, 그녀는 마켓으로 향하는 자동차를 멈추어 봄 햇살과 보라색 꽃들에게 입맞춤을 하고, 이름

없이 피고 지는 들풀 같은 사람들의 고단한 삶을 마음으로 묵상하며 위로한다. 그녀는 또 더위에 지친 피곤함을 달래기 위해 시를 읽으며, 텅 비어가는 스잔함이 좋다고 말한다. 간혹 이러한 흉내는 낼 수 있겠다. 하지만 수십 년 일관하기는 참으로 어려울 것이다. 나는 서두에 감성과 이성의 적절한 조화를 말했다. 바로 최정임 씨가 행하는 이러한 일상들을 말하고 싶었던 것이다. 속된 미움과 증오를 느끼면서도 이름 없는 것들에 대한 연민을 어느 누가 가질 수 있겠는가.

최정임 씨의 작품을 보면 늘 꽃들이 만발한 정원이 등장한다. 그러면 그녀는 정원의 꽃들을 있는 대로 모두 적는다. 때로는 지루해 보일 수도 있는 문장이건만 나는 거기서 눈부신 햇살을 본다. 그녀의 어머니가 입었던 흰 옥양목 저고리와 검정치마가 생각난다. 죽음조차 축제로 만들어가던 그녀의 어머니가 정원 옆 장독대에서 말하는 것 같다.

"얘야 고추 널어놓은 것 걷어라. 장독 항아리 덮어라."

죽음조차 여유롭던 그녀의 어머니는 이제 그녀에게 신이 되었다. 눈부신 봄이 되었다. 그녀의 딸이 생일 때 써준 시처럼 어머니의 사랑이 다복다복 그녀의 가족에게 내린다.

"오늘은 그저 좀 좋지 않은 날일 뿐이란다. 곧 다시 좋은 날이 올 거야. 엄만 네가 참 자랑스럽구나." 그렇게.

최정임 씨는 어제도 오늘도 또 오래도록 문학과 함께할 것이다. 그녀는 시가 겁 없이 장터로 나온다고 말한다. 이 아니 배포가 큰 표현인가. 또한 그녀는 육체적 노동 속에도 지적인 탐험을 끊이지 않고 이어나간다. 그 수준이란 이미 깊고도 넓은 강을 건넜다. 아무도 말릴 재간이 없다. 의식주 문제라든지, 정보화산업의 문제라든지, 출판이나 방송, 고미술이나 사진, 제주 4·3사건처럼 영원히 치유될 수 없는 문제를 직시하는 등 장르를 가리지 않고 쉴 새 없이 자신의 지적 지평을 넓혀 나간다. 그녀는 또 독서를 통해 종교적인 문화 속에서 예술을 말한다. 예술은 종교가 이입되기 전에 인간 본래의 신앙과 자연에 맞서지 않고 함께 살아온 지혜의 소산이라고 생각한다. 전통적 민화를 감상하며 민족적 자긍심을 느낀다. 참으로 최정임 씨의 식견에 혀를 내두를 수밖에 없다.

이제 처음으로 최정임 씨의 책이 출간된다. 어쩌면 평생을 이 순간을 위해서 책을 읽었는지도 모르겠다. 진심으로 축하하며 그녀의 건강을 기원한다. 이 책을 읽는 모두가 그녀의 바람처럼 행복했으면 좋겠다. 봄날, 세상의 꽃잎들이 어머니 되어 흩날리고 있다.